U0147046

2016·3·1

溫老師的神奇三秒「教」

不知從什麼時候開始，我發現自己對教材解讀和教學設計有莫名的敏感度和創造力，二十幾年來大大小小的演講與研習，也大多聚焦於課文的解讀、設計與教學執行。

不可否認，研習現場最讓我有成就感的莫過於立即從文章中找到亮點，迅速解開眾人的渾沌與膠著，並快速指出教學方向，這種「快問快答」不僅呈現文學敏感度，同時也能展現累積多年的現場教學功力。很多老師常常問：溫老師你的腦袋裡到底裝了什麼？為什麼看懂課文之後，就能在幾分鐘甚至幾秒鐘之內撥雲見日，指引出一條教學康莊大道？

是啊！我也好想知道，這些本領或幸運從何而來？

教學生涯中寫過無數篇教學案例，從教材解構、教學亮點的確立到教學設計、實際執行，再到最終的學生作品呈現與教學省思，過程細膩而冗長，但是重點往往被放在「如何完成一堂國語課」，鮮少聚焦於「教師思考」的向度。

我知道老師們「知其然」之後，更期待「知其所以然」的心情，正好2014年康軒出版社編輯陳麗雲老師，提及建置「讀寫合一」快速平臺，應允之後開始著手，一轉眼已經累積將近四十篇教學設計，不僅包含各種文

體文章，還橫跨六個年級。這些深度閱讀與創意寫作的教學設計示範，盡量跳脫教師手冊的寫法，篇幅力求小而美、小而精。輕薄短小的教學設計案例，教學材料雖然不同，呈現模式卻大同小異，方便立即上手使用，透過臉書社團「溫老師備課Party」的分享，很多老師開始模仿、修正、提出質疑、重新擬定……慢慢翻轉了語文教學現場。雀躍興奮之餘，最多人想進一步了解的是：溫老師如何能有源源不絕的新點子？

　　將這些教案集結起來同時呈現之後，不難發現其中暗藏的脈絡與線索，於是我想藉此探索並回答「溫老師如何神奇三秒教」這個問題。所以這本書最想呈現的是溫老師的思維源頭：活水何處來？透過本書，老師們可以認識整套國語課文的類型，找出各種文體的特色以及文章亮點，當然你一定還要仔細閱讀溫老師如何化亮點為教學設計活動，最後再到教學現場實際操作，這麼一來就能同時檢視各類文章在國語課本中一路走來的變遷與發展，看見教材背後的軌跡與思維、手法與策略。巨觀／微觀、實作／思考兼具，不管未來你教幾年級，都不會再望著課文發呆不知所措，而是和溫老師一樣在教學上如魚得水，一躍成為孩子眼中的魔法老師。

目錄

95 記敘文

145 說明文

前言

一、讀寫合一不是夢

　　雖然寫作教學應該是融合在語文課程當中，然而傳統教學都將寫作獨立於閱讀課程之外，也就是所謂的「國語課」上完之後，另外再找時間寫作文，而且寫作題目和內容常常又跟課文或補充資料無關。試想，面對一個突然從天上掉下來的作文題目，即使高成就學生也無幾人能洋洋灑灑、揮筆便就，更何況後面「一拖拉庫」的中低成就學生，怎能消受得了這種教學方式？

　　閱讀是一回事，寫作又是另一回事，未將寫作納入閱讀的範疇，一來是將寫作的定義窄化，二來忘了寫作其實是深化閱讀最好的方式，第三則是忽略寫作是最好的一道評量，也是最後的一道評量。既然寫作如此重要，是所有學科裡最重要的輸出管道之一，也是每個人受教育之後都應該具備的基本能力，我們該如何翻轉改變如此無趣又無效的課程？

　　不可諱言，寫作是件孤獨又艱苦的工作，除了將口語轉化為文字的距離相當遙遠，另外，寫作素材的理解與參考資料的提供，也是影響學生寫作品質之因素，況且，即便有參考資料，學生也不見得能消化吸收，更不用說幾乎是不會有什麼資料可以參考的作文課。

　　所以，若想要改善寫作窘境，最快速有效的方式當然就是進行閱讀教學的同時，將寫作一併考慮進去，當閱讀工作完成，寫作也已經無縫接軌，或者承先啟後，繼承閱讀的春秋大業持續深化。

　　這麼完美又兼具人性化的「讀寫合一」教學，要怎麼設計呢？

（一）寫作不必另闢戰場：從深度閱讀到創意寫作

　　國語課文或者老師補充的相關資料，都是閱讀的絕佳素材，如果國語課要達到讀寫合一，必須在深度閱讀的時候，就事先導入創意寫作的思維與條件。許多課文簡短易懂，很難說服讀者繼續探究，但是進入教學場域，不管文章精采與否，老師的解構與提問都是閱讀能否深入、有趣和有效的關鍵。一篇不怎麼樣的文章，老師如何化平淡為神奇？一篇很精采的文章，老師又如何引出寫作手法與主旨真諦？課文閱讀到底該讀什麼？怎麼讀？我們可以從以下幾個階段來審視。

（1）閱讀前：找到文章的形式與意義

　　　　帶領學生閱讀之前，教師必須事先對文章進行分析，找出「字詞」之外的教學重點：寫作手法與文章內容。寫作手法就是文體的形式表現，它可以提供學生寫作的「支架」。文章內容關心的則是題材選擇，找出作者藉由這篇文章所要傳遞的知識，或者自身經驗的累積與驗證，它可以提供學生寫作的「素材」。

（2）閱讀時：將教學亮點轉化為課前預習活動

　　　　老師要理解文章能夠提供思考或學習之處，掌握文章主旨與作者觀點，確定教學順序以及呈現方式，快速抓住課文教學重點，引導孩子領略閱讀的真諦與生命價值的發現，提供學生寫作的「思想」與「價值」。可以事先提問請學生預習、使用相關影片和資料引起動機，或者直接進入課文及補充資料的討論。

（3）閱讀後：課堂的討論與學習活動

　　　　將讀後的感受與判斷根據不同層次轉化成提問，提供寫作素材的「延伸」與「新發現」，讓學生思考重點並進行討論，正式進入課文深究的階段，也是一週五堂國語課的重心所在。

　　接續的創意寫作養分則來自先前的深度閱讀工作。巧妙運用深度閱讀討論的問題變成寫作的題材及內容，一來可以深化原來的討論，二來學生寫作不必另闢戰場，就能直接把上課過程當成寫作鷹架。除

了原來的閱讀內容之外，還可以再延伸相關的寫作題材，擴充課文閱讀的能量，也拉大寫作框架，強化原來課文的議題。

只要確立「從課文長作文」的教學觀念，再快速有效地找到教學亮點，帶著學生從深度閱讀到創意寫作，那麼「讀寫合一」就絕對不是痴人說夢。

（二）課程設計原則：從讀到寫？從寫到讀？

理論上國語科的讀寫合一應該是「從讀到寫」，也許你會問：「我可以反其道而行嗎？」

只要能讀出教材獨特性，再依據重點設計問題提供學生討論，有了深度的閱讀討論思考，要延伸出寫作題材就不難。五上〈熊與鮭魚〉文章稍難，為使學生理解，溫老師重新訂定題目：談食物鏈對大自然生態平衡的重要──以「熊吃鮭魚」為例。深度閱讀結束，延伸寫作題目為〈熊寶寶冬眠後的一天〉，從故事編寫中帶出原來已經理解的課文內容。

偶爾，溫老師也喜歡顛覆上述順序，來個「從寫到讀」。看到課文先思考：想從當中延伸什麼題材來寫作？事先決定寫作題材甚至題目，接著更能精準掌握深度閱讀的重點及問題。三上〈白鶴的禮物〉是一篇故事，因為事先確定要請學生改寫成劇本，於是深度閱讀教學重點就放在從〈白鶴的禮物〉去談怎麼寫出一篇好劇本。

如何在五堂國語課搞定「讀寫合一」？希望溫老師提供的教學設計，能夠讓老師們在實際教學現場覺得受用，慢慢習慣並喜歡這樣的教學模式，甚至上手之後達到「寫作不必另闢戰場」的境界。每堂國語課的閱讀教學結束，寫作教學也跟著完成，學生對於寫作題材感到新鮮，不但不會再恐懼，還會期待寫作。別懷疑，只要願意，這絕非天方夜譚！

（三）教學設計示範：美味的一堂課

　　四上〈美味的一堂課〉，對四年級學生來說相當淺白易懂，若只為了滿足 PIRLS（促進國際閱讀素養研究），為提問而提問，學生勢必感覺被低估智商，老師也會覺得多此一舉，那到底要學什麼？

　　余光中先生曾說：「知識、經驗與想像，是創作賴以存在的三條件。」如果寫作也是創作，就不該將「經驗」與「想像」排除在外，因此上完〈美味的一堂課〉，學生透過課程習得了「知識」，只要將這三者交互運用，設計寫作課程，學生就能產出作品，而這些能力又將成為他的「新經驗」。但是如何引出上述重點，考驗老師對文章解構與認知的功力。

　　首先審視寫作手法、文章內容、文章主旨、讀者感悟四項重點當中，有沒有不需要分析的？很快地我們發現對這類文章來說，主旨似乎不是那麼重要，作者並無意埋藏高深的哲學觀讓讀者探索，所以先將此項去除。接下來，就朝著另外三個重點，一一解析與提問。

　　首先，文學不應該只是閱讀，還要能產出寫作，那麼就形式而言，這篇寫作手法特別的「遊記」，可以提供學生進行仿作練習：

1. 這樣的寫作手法也是遊記的一種方式，跟以前讀過的有什麼不同？哪裡一樣？哪裡不一樣？

2. 如果你要仿作這樣的形式，你會怎麼寫？請小組討論並發表。

　　其次，文章內容提到印度甩餅、日本壽司，但是資料顯然不足，若想要進行深入分析，要請學生或老師另行提供補充資料：

1. 課文中對印度甩餅和日本壽司，從哪幾個部分來介紹？請從文章中確認並發表。

2. 除了從外型、特色、材料、製作過程、口感、食用方式，來介紹這兩道食物，還有哪些相關資料可以補充？請小組討論，並將介紹內容製作成表格。

3. 課文中形容食物的語詞有哪些？這些語詞，從哪幾個角度切入形容？又運用什麼樣的修辭技巧？請再蒐集更多對食物的修辭，製作成一本「食物修辭」小書。

4. 請用這樣的介紹方式，介紹臺灣的一道美食。（小組討論或回家作業）

　　最後，讀者感悟與延伸閱讀要思考的是，很多實用性質的文章是用來實際操作而非欣賞，所以如果想要體驗文章中的甩餅與壽司，可以從生活經驗著手，請學生想想這些食物能否成為創作故事的元素。

　　創意寫作的部份，以下設計僅為參考，只要理解「從讀到寫」的概念，方式絕對不會只有這兩種。

A. 我的美食之旅（經驗＋知識）

（1）寫作思考

　　民以食為天，飲食的經驗人人有，如何將「經驗」透過新「知識」——從〈美味的一堂課〉裡習得的文章結構與寫作鷹架，揉織、整理再產出？就把自己也當成作家寫一篇吧！記住：不論遠近，都叫旅行。

（2）寫作綱要

1. 你喜歡吃美食嗎？為什麼美食會讓旅行變得很不一樣？
2. 請畫出你的美食地圖，只要畫出食物及地方或店名即可
3. 寫出這些美食的外型特色、內容物、製作過程、口感、創意、食用方式⋯⋯
4. 給這些美食創造一句 slogan（簡短好記的廣告標語或口號）
5. 美食帶給你生理及心理上什麼滿足和期待？

B. 美食大比拚——「壽司」王國嘉年華（經驗＋想像＋知識）

（1）寫作思考

　　既然課文提到日本壽司製作過程，壽司又是臺灣人非常熟悉的食物，所以食用經驗不是問題。有了「經驗」，能否透過學生的「想像」力，變出以壽司為題材的精采故事呢？很多卡通或漫畫都有這種梗，這也是孩子從課外獲得的另一種「知識」。

（2）寫作綱要

1. 舉行原因：為什麼會有這樣的嘉年華呢？目的是什麼？

2. 評分項目：外型特色、內容物、製作過程、口感、創意、食用方式……

3. 選手出場：上臺自我介紹，並表演給自己的一首「打油詩」，內容包含上述項目

4. 自我行銷：把各種壽司造型畫出來

5. 比賽結果：主審公布結果並說明評審過程

二、為有源頭活水來

（一）照見文學初心

　　就讀師專時，我的恩師——吳英長老師讓我們有機會在踏出校門之前，就開始分析國立編譯館版本的課文及教師手冊；師專畢業後再度回暑期部進修師院課程，不管是認知心理學或創造心理學，甚至是獨一無二的「教學美感」課程，吳老師都不斷注入一般人鮮少注意的亮點尋找與創意解構。

　　吳老師無人能及的功力，不僅表現在思維上，也落實於教材亮點的尋找。他曾提問賀知章〈回鄉偶書〉中「笑問客從何處來」一句，「笑」指的是誰？當時這麼一問，的確把我們給考倒了，心裡明明想著當然是那些不長眼的「小屁孩」，可是嘴巴卻不敢回答，而且還開始疑惑：「難道是賀知章嗎？可是從小讀到大，從來沒有人這樣懷疑，這到底是哪門子的問題與思考啊？」

　　吳老師就是吳老師，他不會只給問題，也不會馬上給答案，他要我們自己尋找與思考。正確答案不是小屁孩，「笑」指的當然就是賀知章，可是，如何服眾？

　　吳老師是這樣叫我們服氣的：「啊！」（賀知章打自己的頭）已經活到這把年紀，竟然還如此在意他人的掌聲？接著啞然失笑也好，自我解嘲的笑亦可，總之這聲「笑」中藏有深意。不僅笑出人生格局與境界，也笑出自我覺察與反省功力，當然也笑出了自己的可笑至極。

　　這樣的案例永遠在吳老師的課堂播放著，這也是我們這些學生，

首當其衝的震撼與記憶。原來我們只看到表象，原來我們讀文章時，忘了不斷挖掘更深刻的內涵，補充更多元的資料，更重要的是，從來沒有想到要與自己對話。問問自己，你真覺得作者只想說這些？如果你是賀知章，你會期待讀者讀到什麼層次？

吳老師的啟蒙，讓我知曉教材的解構，原來不僅是字詞表象，更是生命境界、人生體悟，也可以說是看事情的角度與深度。也因為這樣，我發現閱讀文章變成非常有趣的生命探索課程，因為我真的領會到吳老師所說：「作家寫完文章，他的旅程已經結束，接下來的旅程該走向何處，都是讀者的決定。」

是啊！我常常在揣摩作家的本意之餘，直覺或隨興植入自己的生活經驗與人生體悟，這樣的教材解讀方法意外成了創意的展現，甚至是獨門絕活。再者，也因為是個人想法，後續延伸的教學設計自然就能擺脫教師手冊的規範，得以隨興、自由、大膽揮灑，擺脫傳統框架，更讓學生的語文學習方式大大改變。這不僅成了溫老師自己的教學特色，學生熱情的鼓舞與支持，也全部表現在後續的寫作上，不管是《我們五年級，全班寫小說》或是《一年級ㄅㄆㄇ故事寫手——我手寫我口》，在這些第一手的教學現場紀錄中，都能看見溫老師打破所有人對閱讀、寫作的刻版印象，引導出一股強大的「讀寫合一」風潮。

六上〈孫悟空三借芭蕉扇〉就是從這種思維中發展出來的教學案例。除了精采的情節，溫老師更敏銳地觀察到《西遊記》當中最具代表性的人際互動描寫，以及無數鬥智與心理戰的場景，最適合讓學生學習「談判」技巧。讓文學成為心理課程，這又是一條令人著迷的神祕幽徑，於是我為孩子設計了以下挑戰：假設千年後，孫悟空經過心理學課程洗禮，你覺得他會如何看待〈孫悟空三借芭蕉扇〉？會不會更有同理心，再與師父唐三藏共商出另一種雙贏大計？設身處地想想，鐵扇公主以一個母親的角色，看到兒子被修理得如此悽慘，怎麼可能再借出扇子？這樣的練習除魔幻手法，還包含更高層次的談判技巧，

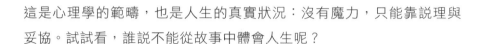

這是心理學的範疇，也是人生的真實狀況：沒有魔力，只能靠說理與妥協。試試看，誰說不能從故事中體會人生呢？

（二）拉大閱讀的框架

　　號稱雜食性閱讀動物的我，一生的遺憾或說自卑，就是凡事不求甚解、凡事好奇，什麼都好像懂一點，卻常流於皮毛，不若飽學之士滿腹經綸，信手拈來皆是文章。這種背景讓我幾乎不敢參加現場命題的作文比賽，要我在限定的時間內成就一篇文章，應該會陷入腹笥甚窘、不知所云之境。所以，在諸多名家面前，從不敢承認自己是作家，因為我的文學程度僅僅是用來描述教學或生活型態，並不承載創作的重量與內涵。

　　也還好因為不走文學創作，大大解放了憂心與負擔，更不需靠大量閱讀專業的文學作品來充實自我能力。我雖然不排斥這些文學作品，卻更愛隨手可得的新聞、八卦、影劇、商業、心理……幾乎所有平面媒體的文字我都有興趣啃食、咀嚼，時而快速瀏覽，時而停下目光專注思考，腦子裡呈現的總是片片斷斷、亂七八糟的雜訊或影像。

　　在千奇百怪的資訊中，有時我會看見一些亮點，這些俯拾即是的教學資料，總是有意無意地像炸彈般在我眼前炸開。

　　電影《總舖師》的火熱宣傳，還有近年眾人對「食育」的期待，當廚師這一行業成了當紅炸子雞，時不時占據新聞版面，實在很難置若罔聞，因此，乾脆借力使力，妥善利用這些訊息來進行教學。三上〈辦桌〉原本只是生活經驗的一環，然稍稍注入廚師這個工作背後的討論與探索，這一課就不再只是驚鴻一瞥的短暫停留，而是未來工作的職涯心理準備。這麼一來，我們可以問孩子，當總舖師真的那麼容易嗎？光鮮亮麗背後的揮汗如雨、燒燙傷、工時過長……可能都是成為名廚之前的必修功課，你還覺得當總舖師很酷嗎？

　　想要驗證上述說法的真假，就再提供補充文章或者影片，讓學生

巧扮擔任貼身採訪的記者，跟著故事中的總鋪師──阿火師及兒子阿明師，感受辦桌的酸甜苦辣。屆時寫作再採一問一答方式，中間穿插報導旁白，可以請學生做成 A4 小書，又畫又寫的變成繪本，讓閱讀寫作同時為課文加分，為人生預做功課。

　　近年我開始珍視自己的特質與資產，大量運用並想方設法與教學現場結合，對「專業閱讀」一詞有了另一種定義與解釋：不求甚解、海納百川。以前不敢明目張膽昭告天下，深怕受人恥笑，顏面盡失，慢慢從教學歷程中學會接納所有可能之後，終於認清自我價值，體認價值絕非主流所認定的單一，而是多元的包容與海涵。這麼一解放，教學花園裡不僅長出尊貴的玫瑰，連四處散落的野雛菊和石縫中冒出的野薑花，也常常是玫瑰休養生息時的耀眼主角啊！

　　國小的課文輕薄短小，許多深刻的話語無法有足夠細節鋪陳，以至於得靠老師不離教學目標的創意發想，於此時刻，現代生活中的點點滴滴，都可能成為絕佳的教學素材，或者提供天馬行空的平臺，讓想像力無限馳騁。所以，別再忽視身旁的訊息，多停留一下，再晃點兩下，說不定教學就從此不一樣。

（三）語文專業書籍的涉獵與哲思

　　前面說過我不是閱讀非常專一的人，即使對於跟自己非常相關而且有興趣的語文書籍，也很難從頭到尾慢慢品讀，大約都是隨便亂翻，有時規矩地從前面看，從中間或後面倒著看的情形也常發生在我身上。不過，這類書籍我將之定義為工具書，常常翻了又翻，不厭其煩地從中找尋靈感。

　　吳英長老師突然仙逝之後，親友、學生整理其生前著作出版了三本書，其中《兒童文學與閱讀教學》、《深入教學現場》與教學密切結合，成了我手邊常常翻閱的專書。有些文章是以前就學時的上課講義，然而，即使教書二十幾年，許多細節還是得頻頻回首、靜心推敲，

想想還需要怎麼做才會更臻完美。我常懷疑，是否窮盡一生都可能無法完整達到那樣的境界，那麼，閱讀、參考價值何在？

自己摸索之後才漸漸體悟，原來閱讀他人作品不是為了複製，而是為了創造另一個世界，並在創造的過程利用這些資料，所以這樣的閱讀形式其實是動態且深刻的，也是對作者最大的推崇與禮敬。

是的，吳老師的書就是要這樣閱讀的啊！

也許正因為這樣的實踐方式，更能領略吳老師的偉大與寬闊，也形塑了我日後讀寫教學的規格與方向，原來一翻再翻的教學原理或案例，也能成就非凡的哲學與智慧。這些書籍有不難理解的理論，更有老師一生在教室執行理念的身影，還有師生間深刻雋永的對話或嬉鬧，彷彿風與小草間親密的畫面，又如陽光穿透樹葉之後在地上的留影，動靜間皆是永恆，相看兩不厭啊！

閱讀策略一類的書籍近年頻頻出版，應該是受到 PIRLS（Progress in International Reading Literacy Study 促進國際閱讀素養研究）、PISA（Program for International Student Assessment 國際學生能力評量計畫）兩大測驗的影響，不管如何，這一類專書的出現對語文教學的確起了革命性的變化。不過，這些都只是技巧的提醒，如果只是硬生生地將其搬到教室，我認為這是危險的，因為你只是想「執行」，並沒有真正想要「分享」。兩者間的差別在於你是單純傳達知識，還是發現文章的寓意真的在內心掀起波瀾，巴不得讓他人理解你為何如此興奮、感動或者覺得幸福。

要先有靈魂，再運用閱讀策略。如果你的靈魂已經被喚起，只是苦於「橋梁」的建構，不知如何讓別人更明白你的內在語言，這類書籍就能派上用場。透過更科學的析理、排列、組織，讓教學呈現最佳「鷹架」，搭起一座從文本到讀者之間穩固且值得信賴的橋梁，那麼不僅教學過程順暢，或許還能激盪出更璀璨的火花，讓教室的星空美麗而溫馨。

　　此外，我對關於寫作教學的書籍亦十分著迷，不一定買了都會看完，卻無法克制衝動不斷想買回來，有時亦常想，不是我太癡迷於寫作教學，就是以為光看書名就能為自己的寫作加分。不管如何，我的心得是，讀了不見得會增強自己的寫作功力，倒是對閱讀小說大有助益。尤其書中分析的寫作方式，若不去執行一切都是白搭，唯一不會浪費力氣的就是對閱讀策略的遷移，所以後來我在記敘文，特別是故事體的掌握，以及設計延伸寫作教案的精準度與創意度，都有加分效果。

　　這些語文專業書籍在網路上隨便搜尋就有一大疊書單，不用問我哪一本好，因為除了吳老師的書，其他我也是亂買亂看。不管哪一本，只要看了就有收穫，一切存乎於心；即使是讓你極其失望的書，至少也藉此測試出你比作者還要厲害，豈不也是功德一件？

（四）與教科書共存共榮

　　「臺灣省國民學校教師研習會」曾主編一套國語實驗教材，由吳敏而、趙鏡中、劉漢初……等諸多前輩一手催生打造，不僅有許多名家作品及經典文學被收錄、改寫、編輯，裡頭還有幾米、賴馬、李瑾倫……現在非常知名的插畫家作品。1994 年至 1999 年間國教研習會在全國展開實驗教學，計畫結束後此套書就正式走入歷史。溫老師當時雖然不在指定的實驗學校任教，卻因為個人喜愛而特別爭取，但是礙於該版本的教師手冊始終未完成導致無法送審，所以一般學校不能選用，眼睜睜地與此版本緣慳一面。無法讓這些教材在自己的教室裡被實踐，對所有喜愛挑戰高層次語文教學的老師而言，無疑是一大憾事，畢竟其中集結了最先進、最科學且最文學的素材與理念，或說理想。

　　還好，雖然我並未參與實驗工作、並在教室使用這套教材，卻有幸因恩師吳英長老師的關係，跟著研讀、深究過每一冊，即使到了現

在，二十幾年過去，我還是常常使用其中的文章，或者從中澄清自己的語文教學盲點。這是影響我最深的一套教科書，也自此開啟我對教科書文章解讀的興趣。

溫老師除了推崇上述版本的國語實驗教材，還對翰林在板橋研習會接續推出的國語低年級四冊「最高水準版」教材印象深刻，雖然這個版本不如國教研習會的細緻嚴謹，卻是從未見過的兼容並蓄，是一套既顧及審查委員的苛求，又不願放棄理想的超級實驗版本，當然，後來也接續走入了歷史。

教科書的編輯過程中有太多考量，絕非單憑出版社一方的意志就能成書，歷史共業的糾結不是一兩天能夠解決，我也不喜歡太過苛責，於是轉向積極面的作法，試著在既有的課文中尋找出路。國小六個年級我都曾經任教，所以一口氣就教遍當時國編版的十二冊課文，加上經常帶領國小老師們備課，場場研習都與六個學年的老師共聚一堂討論，有非常多機會將所有課文做縱向、橫向的連貫與比對，也藉此磨練了我對各個年級以及各種版本間的課文掌握。這樣的經驗彌足珍貴，不僅慢慢能感受到教科書編輯對語文知識的系統性組織手法，對於文章寫作的脈絡與規則也更加敏感，這是一般老師比較少思考到的範疇。

後來我總是在演講場合鼓勵老師們，不管是否任教於該年級，進行教學研究或設計時千萬要跨越年級的藩籬，至少探出頭去跟不同年級老師交流。更好的方法是直接在手邊留著一套套國語教科書，拿來當教學資料的補充非常划算，有空時翻翻，一定也能從中獲得教學設計的靈感。另外，教科書年年都會抽換文章，其實被換下的不見得不好，所以我經常留下舊課本。如果慢慢細讀分析，不難發現有幾個經常會被端上檯面的主題，幾乎每個版本都會採用，何不直接拿其他版本的選文來當作補充教材，或者請學生把 A 版本的創作手法改寫成 B 版本，這樣一來深度閱讀、創意寫作不就可以一次解決了？

總之，這些都是個人經驗談，既然無法拋卻教科書，那就好好地

研讀與利用。這麼多年來，溫老師穿梭在這些與我們教學生涯密不可分的書海裡，其實感覺還滿享受的，實際教學的應用加上額外時間的探索，會發現教科書並不像外界所想像的貧乏與膚淺，相反地，裡頭蘊藏著無窮的寶藏等待我們去挖掘呢！

以下列舉跨越版本、年級或者課別的教學案例提供參考，其中有一些課文目前已被抽換。此外，同一版本、同一單元主題的不同課文，也很適合成為教學案例，例如康軒五上「機智的故事」單元〈名人記趣〉、〈秋江獨釣〉、〈智救養馬人〉這三課，呈現了不同層次的機智，就是非常典型的主題教學。

（1）翰林版一下〈春雨〉&康軒版三下〈雨變成一首詩〉

同樣的題材，從不同年級、不同寫法來歸納出寫作方式。〈春雨〉這首童詩只有短短幾句，老師們經常懊惱不知如何引導至作文教學，其實〈雨變成一首詩〉裡正好描述了老師在教室引導學生觀察春雨的情形：「雨好像一根一根的針，從天上掉下來了！」、「針會刺痛人，可是小雨打在身上一點都不痛，應該說雨像絲線一樣，從天上飄下來了！風一吹，雨就好像在跳舞呢！」學生你一言我一語地發表著，並且相互修改用詞。「我曾經站在青草地上，當雨落下來之後，我好像聞到一種青草的香味。」這是另一種觀察後的感受。最後，老師在黑板寫下學生用心的觀察，串接成一首詩，大家又驚訝又高興。原本還在尋思著該如何進行教學的一年級老師，此刻是否有了頭緒，看到了方向？是啊！找春天，當然是要帶著孩子真正去體驗與感受，甚至像課文中的老師一樣，把孩子的觀察口頭報告，實際在學生面前將其具體轉化為文字，讓學生了解原來一篇文章、一首詩產生的歷程就是這樣。這篇課文不但是一篇文學作品，還是一篇作文教學指引呢！

（2）南一版二下〈菊島之旅〉& 康軒版五下〈菊島巡禮〉

　　同樣的題材，從不同年級、不同寫法中分析出較脫俗的寫法。近年教科書選文主流回歸本土意識，遊記大多以臺灣有名的地點為主，其中菊島——澎湖就是明顯的案例。老師不妨把〈菊島之旅〉和〈菊島巡禮〉這兩課抽出來擺在一起，列出幾個題目問問孩子，例如作者介紹了澎湖的哪幾個地方？怎麼介紹的？哪一篇是比較具有文學味的寫法呢？

　　所謂的文學味，就是除了直接敘述，更多了一些想像空間，想像力是創意也是美感的源頭。「古老的房子和蜂窩般的矮牆伴著綠野藍天，我們就像在一幅田園畫中。」、「老房子和矮牆上的斑斑點點，似乎正在對我們訴說澎湖的古老歲月。」這兩句將咾咕石牆的外型特徵、當時背景和作者感受化作美麗的文字，透過文字，我們彷彿瞥見一幕悠悠緩緩的畫面。相較之下，「一路上，有許多灰暗的石牆，羅列在路旁的土丘上」這句，儘管「羅列」屬於比較艱深高層次的語詞，但是不見得因為用了這個詞，這篇課文就比較適合給五年級閱讀，艱澀語詞並非構成文學味的必要條件。

　　場景再拉回到教學現場，我們可以讓孩子在這樣的比較中學到什麼呢？如果你是五年級的老師，不妨補充〈菊島之旅〉給孩子閱讀，並且提問讓他們開始進行比較分析和評論的工作。我們常常誤以為文學比較與評論是一門高深的學問，殊不知只要拿兩課課文進行比較，就能進行這樣的練習。除了透過孩子自己的眼光發現異同及優劣，更重要的是，實際歸納整理之後，什麼是值得模仿學習的文章？什麼文章能夠增進自己的寫作技巧？他必定了然於胸。這不也是一種學習嗎？一堂不呆板而具有思考性的作文課程。

（五）「溫老師備課 Party」的社群能量

最早提出「備課社群」的想法大約是在 2007 年，有了部落格的加持，讓我對資料儲存與分享開始有初步想像空間，當時寫了一篇〈我的備課夢〉，對於建置國小語文科教學平臺的想法是這樣描述的：「這個構想來自於維基百科，希望讓更多從事國小教育的『圈內人』，共同建置一個真正有效可用的平臺，幫助有心從事語文科教學的老師擁有交流園地。初期我將帶領老師們將每一個版本的每一單元、每一課都做教材分析，為了讓使用者方便並容易上手，內容以教學案例為主，呈現形式也期待規格化處理。在此誠摯邀請所有的國小老師，都能一起來充實這個屬於我們的教學平臺。寫完這篇文章為止，已經有大約三十個單元完成教學案例，需要進行細部修改，但是這些內容該置於何處？我會繼續努力來克服。」

回頭再看，當時的想法竟然在 2013 年就已成真，而且不需任何技術就可以在臉書「溫老師備課 Party」社團完成當初的需求，真是不可思議。當科技已經讓人無法預測所有的生活型態，包括教學的變革都是未定之數，教學的腳步理當走得更快，邁得更大步。一來不辜負免費軟體、平臺的提供；二來因應世界趨勢，身為教育工作者要以身作則，學習運用現代科技增進教學知能。

已經申請進入此社團且持續關注學習的老師，都是教學領域的受益者，身為版主的溫老師則是最大量的發文者，目的當然是想引領老師們發揮自助人助的精神，打造一個人人可學習的線上研習平臺。拋磚引玉之下，很多老師受到鼓勵，教學案例或相關資源如雪片般飛來，我每天例行性地「巡田水」，看到大家的回應時總有滿滿感動與實質收穫。人說送花者手有餘香，這裡的香味來自四面八方的匯集，溫老師成了最幸福的受惠者。

臺南市建功國小彭遠芬老師曾經提及，她讓學生在六下〈過故人莊〉的課堂上以漫畫呈現詩意與詩境，引發我對圖像的興趣，所以溫

27

老師進入這一篇課文時，就先邀請學生用圖像解讀古詩：「如果把原來一句的詩畫成四張圖畫，你會如何詮釋？想想看要如何讓讀者從畫中就能知道詩的內容與意思？需要注意哪些事情？到底要如何呈現才能清楚、明白？」

另外，高雄市新光國小李郁璇老師在二上〈文字的開始〉這一課，提供象形文字的資料給學生，請他們把自己想講的話用這些符號記下來，於是這些文章變得如「達文西密碼」一般神祕趣味，引發動機之餘，也成功詮釋古代人的困境及需求。後來我將其轉化為「危機大解密──密碼對對碰」寫作練習，這都得歸功郁璇最初的想法。

即使如溫老師已經不太需參考他人的教學設計，也不太喜歡照單全收，但我相信，這個平臺上眾多與教學相關的訊息，一定深深影響了我的潛意識。每位老師要發文之前，勢必經過再三衡量、斟酌，內容的修整、完善自不在話下，更難能可貴的是滿腔熱血與誠摯心意，這麼實惠又經濟的教學研習，如同臺南故事志工楊沛綸比喻：「這是二十四小時免費的教學淘寶網，而且還提供後續諮詢服務。」所以，想要像溫老師一樣隨時讓點子源源不絕的湧出，固定收看「溫老師備課 Party」準沒錯！

溫老師備課 Party　【歡迎申請加入】

http://www.facebook.com/groups/1648875288684914/

寫在教學
之前

　　很多老師開始要上國語課之前，第一件事就是拿出教師手冊或者備課用書。主要是擔心自己能力不足，深怕少教了學生什麼，或者這是一種不良「傳承」：因為以往我的老師都這麼做，理所當然我也應該這麼遵循。

　　然而，教師手冊、備課用書就像百貨公司，看起來琳瑯滿目、應有盡有，但是對於原來就不知道要買什麼的顧客，入寶山可能會是一場災難。東西太多太雜，好像什麼都很好，不買、不帶走可惜，什麼都想要，結果辛苦了半天，又是花錢又是耗費心力，成果當然想要通通塞給學生。此時學生若不領情，老師肯定會發怒、緊張，認為他們不識好心，不知好歹，殊不知好東西未必就是重要或者適合學生的材料，更何況還會牽涉到後續教學設計與教學執行的方式。教師手冊並不是萬靈丹，一場優質教學也絕非死K手冊、照本宣科就能成就。

　　我常開玩笑說：我們到電影院看電影或者是讀小說，絕不會先看如何欣賞影片或小說的指引，看完還是能對影片、小說有感想，甚至會有所批評，為什麼？因為那是直覺，不需引導就能思考、能有感受。奇怪的是這些材料一旦變成教學題材，老師們就望之卻步，不敢有自己的想法，這真是件非常荒謬的事情。

　　參考資料不是不好，而是應該在完成教學設計之後再看，或者成為教學設計的補充用書，而非照單全收，完全沒有自己的判斷。當然，也可以像溫老師一樣，將這些參考用書用來「參考」，但也可能是用來「批判」，因為內容絕非如想像中的那般「正確」。

　　相信直覺與經驗，再加上挑戰的勇氣，溫老師發現不僅自己得以擺脫教師手冊的枷鎖，其他願意這麼做的夥伴，也都成了創意無限的老師，深受孩子、家長喜愛之餘，對於能夠掌握、主導整個語文教學更是興奮莫名，彷彿裝上一雙翅膀，帶著孩子在無垠的天空盡情展翅翱翔。

　　回首書中一篇篇的教學設計，也都是在這樣的狀況下所寫出來。例如五上〈智救養馬人〉，雖然主角是晏子，可是難道你沒想到那個養馬人？這件事可是因他而起，他卻從頭到尾都沒發聲，合理嗎？而且，如果能從養馬人的角度來說明晏子的機智、慈悲與勇氣，不是顯得更有說服力？所以，除了把重點放在晏子身上，讓「苦主」說說話也是理所當然的！如果我一味的相信教師手冊，怎能設計出這獨一無二的教學案例呢？

　　再說說三上〈淡水小鎮〉這一課，雖然內容以詩歌呈現，可是這樣的旅行大家都有經驗，想想我們旅遊時遇到的所有人、事、物，馬上就會迸出許多有趣的資訊，不是嗎？每個景點都會拿到的導覽手冊，不就是文學表現的一種方式嗎？再說，現在臺灣每個大城小鎮都在極力推廣觀光景點，各式比賽也就應運而生，例如：景點形象設計、旅遊達人的景點導覽設計⋯⋯這些教師手冊裡都不會寫，只能靠自己的生活經驗來發想。

　　一旦跳脫框架，多玩幾課，上手之後就會發現創意源源不絕，生活在資訊流通非常便捷的時代，最大好處就是經驗的累積變得迅速而多元，既有效又有趣，老師們當然不能再死守著教師手冊不放啊！

　　本書主要呈現的是「讀寫合一」教學案例，所以正大光明地拋開生字、語詞的魔咒，然而即使回到教學現場，我也希望老師們一拿起課本，第一個不是想到生字、新詞的教學，而將重心擺在閱讀與寫作。唯有養成如此慣性，才能造就出一篇篇優質的教學設計，也才能讓學生真正享受讀寫的樂趣。

　　每一篇文章都有標題，翻開課本時先別急著看文章，靜下心來猜猜大致內容，看看題目中透露出什麼訊息。例如一上〈爬山〉，看到題目之後不需要太多思考，就能猜出這是一篇遊記，內容大概是描述爬山的過程，記錄沿途所看到聽到的事物、可能會做的事情，以及主角的感覺和想法。

然而，這是我們的直覺，教科書真的會這麼寫嗎？可能是、也可能不是。這時，不管孩子是否看過課文，我們都可以進行非常好的思考教學，溫老師的引導步驟如下：

1. 爬山可能會記錄哪些東西？為什麼？
2. 這些訊息一般人應該會怎麼排列順序？為什麼？
3. 來看看課文怎麼寫吧！（用直覺找出的結構來檢視課文）
4. 課文和我們想到的哪裡不一樣？少了哪些或者多了哪些？你是怎麼看出來的？
5. 如果是我們來改寫，應該怎麼補充細節，讓文章更精采豐富又生動？（擴寫）
6. 依照我們討論出來的結構，寫一篇屬於自己的遊記吧！別忘了，好的遊記應該有很多細節，知道有哪些嗎？（仿寫，仿結構改內容）

　　前兩個問題是為了引出遊記文章的基本結構，很多老師只請學生畫出心智圖，卻沒有整理出結構表，這等於只教學生「演繹」，忘了更重要的「歸納」，但是只有歸納後的重點，才能真正成為後續學習的「概念」。

　　有時候正因為與學生事先進行了預測，真正進入課文解讀才發現重點並沒有完全被寫到，與原先的預期內容或者實際經驗相去甚遠，這時，先前的預測正好可以拿來彌補其不足。再者，老師也可以提供更完整的文章，讓孩子仿照結構改寫內容。或是與先前分析歸納後的遊記結構比較檢視，看看是不是比原來的文章更為完整？

　　只要回到閱讀的核心，你就會發現，深度理解課文內容，或者延伸寫作執行得夠精準，孩子寫作時所使用的字詞、句型之豐富，絕非重複抄寫式的教學可以比擬或想像。更重要的是，這些工作不僅帶來正面的讀寫效益，也因為孩子真心喜愛此種學習模式，無形中增進師生之間的情感，屆時班級經營就可輕而易舉、輕鬆達陣！

二、
忘了文體吧！

正式展開教學之前，溫老師想要先來釐清關於課文分類的概念。

文體很重要嗎？基本上很少人在寫作的第一時間先去考慮要使用什麼文體，大抵上會先想到應該如何寫才能表情達意，文體則是緊跟在後的選擇，除了套入約定俗成的結構或手法，方便擺放材料之外，也能快速使人了解內容。所以，文體並不是最重要的，但是稍稍理解也無妨。

國小課文因為內容短小精簡，細節描述或是刻意岔出去的說明與情節極少，所以很容易看出寫作結構，文體特色大多鮮明，用來分析或解構文章分類時，算是一項利器。因此，小時候常常聽到老師拿起課文問大家：「這是什麼文體？」當下之意，就是想藉由大家已經熟悉的結構，一同找出這篇文章的寫作模組或手法來處理「形式深究」的問題。這就好比溫老師常常舉例的「衣櫃理論」：如果是衣服，你就會用衣櫃來裝；若是碗盤，就拿餐具櫥櫃來擺放；文具的話，當然是用文具盒之類的容器來收納。等素材擺放整齊之後，再來細細研究其中的內涵，才是所謂的「內容深究」。

以溫老師的教學思維與經驗來說，我認為毋須在「文體」上大作文章，因為「內涵」更值得我們探索深究。不過，為了順應大多數人的習慣，我也做了些許權衡與妥協，那就是──只做最簡單的分類。溫老師要先在此聲明，這些分類純粹是個人的認知與習慣，並非絕對，僅供參考而已。

基本上，溫老師只把國小國語課文的文章分成兩種：一、記敘文＝故事體＋一般記敘文。二、說明文＝一般說明文＋議論文。

你一定會問：「這麼簡單？就這樣？」

是的，就是這樣，簡單分類才好溝通。這不僅是我跟各位老師們，同時也是我跟學生之間的默契。

（一）記敘文＝故事體＋一般記敘文

首先，大家最熟知的一定是記敘文，這也是課本中最普遍的文體。那麼，這一類文章都在說什麼？又是怎麼說的呢？看過幾篇之後，不難發現，就是：背景＋過程（原因、經過、結果）＋回響（感受、評論），用這樣的結構其實就能分析一般的記敘文，而且順序可以變換。

那為什麼還要再另外拉出一個「故事體」呢？雖然故事體也是屬於記敘文的一種，但是它更特別，因為故事中的「過程」都會有人物的「衝突」存在，若只用「原因、經過、結果」的結構去分析，實在很難具體描述故事的關鍵與核心，所以，若改用背景＋起因＋問題＋解決＋結果＋回響這幾個名稱來描述故事結構，是最貼切也最容易理解的。拉出了故事體之後，我們更能將故事的閱讀、寫作的平臺發揮並創造到無限極致。

記敘文結構名稱整理如下，順序可以變換：

1.故事體：背景＋起因＋問題＋解決＋結果＋回響
2.記敘文：背景＋過程（原因、經過、結果）＋回響（感受、評論）

（二）說明文＝一般說明文＋議論文

提到說明文，你想到的是什麼呢？家裡那一堆說明書？是的沒錯，那些不帶情感，也沒有主觀評論的文章都屬於這類範疇。這些文章的特色通常包含：外型、特徵、構造、材質、功能……呈現方式可以是文字、圖像、數據、表格等，共同演繹、同時登場。

除此之外，有一種說教意味濃厚，企圖說服你遵從某些抽象道理的文章，也是屬於說明文。特別的是這類文章的寫作手法，通常都含有「論點」，並且舉出很多正面或負面的案例，以及名人名言來說服

讀者，我們稱之為「論據、論證」，最後作者還會再次強調觀點，也就是「結論」。這種模式的文章，我把它另外從說明文中拉出來，稱之為「議論文」或者「論說文」。

說明文結構名稱整理如下，順序可以變換：

1. 說明文：外型、特徵＋構造＋材質＋功能……
2. 議論文：論點＋論據＋論證＋結論

（三）人物傳記＝記敘文＋說明文？

課文中還有一種文章讓人感覺很「曖昧」，乍看是記敘文，認真讀了內容又覺得它應該是說明文，那就是「人物傳記」一類的文章。

例如記敘文〈我的爸爸鍾理和〉，很明顯是寫鍾鐵民先生和其父親鍾理和先生之間的互動，其中一定會有非常多主觀的情感投射；若由他人寫成〈客家文學作家鍾理和〉，光看題目，大概就能理解這是屬於說明文的寫法，雖然其中有用事件、概念詮釋他的專業，但很難將其聯想成記敘文。這麼多人會把人物傳記歸類為記敘文，無非是因為裡頭穿插了許多小故事，所以「乍看」就以為是記敘文；也許結尾時用了比較感性的話語做結論，不經意透漏了主觀的成分，所以也好像可以歸為記敘文。總之，這類文章我們心裡有個底就好，硬是要畫分到某個文類反而喧賓奪主，遮蓋了真正應該欣賞的內涵，那可不是專業教學該出現的狀況。

人物傳記結構名稱整理如下：前言（人物背景介紹）＋人物中心描寫（問題 、解決、結果）＋回響（評價）

從第四節的國語課文文體特色分類說明（頁 48）可以清楚看見，其實說明文呈現內容的方式非常多元，絕不侷限哪種模式，所以，基於包山包海的特質，最後我還是把人物傳記歸類為「說明文」。

簡單將溫老師對文體的分類想法做了說明，主要是為了讓大家容易了解，對照頁48的表格則更一目了然。本書接下來的教學設計案例，

以及背後的思維與考量，主要就依照這樣的文體分類進行說明，不再細分應用文、詩歌體之類。應用文只是個形式，內容還是偏向記敘文；詩歌體的部份，新詩可以就內容來判定、推論屬於哪類文體；古典詩詞的賞析文字通常包含創作歷程、晦澀或特殊用字的解釋，以及如何欣賞這首詩詞等內容，這不也是說明文的類型之一嗎？

　　再強調一次，溫老師的看法並不是絕對，請不必過於苛求或追究對錯，應該把重心放在教學設計上面，所以就讓我們一起「忘了文體吧」！

三、
教學設計怎麼讀？
怎麼寫？

不同類的課文背後都有不同思維，在進行教學設計之前，最重要的就是確立三大教學目標：認知、情意、技能，抓出教學亮點，下一步再繼續思考應該如何切入課文核心。底下溫老師簡單説明各種文體可以發揮的教學亮點與策略提問，詳細教學設計則請參考本書所收錄的範例。

（一）故事體
（1）教學亮點

就文章類型而言，通常「故事體」最能發揮的有以下幾項：

1. 故事主題：定義、表現方式、主題與情節的關係
2. 情節安排：破題、開端、發展、頂點、尾聲 （問題＋解決＋結果）
3. 人物刻畫：生理、心理、社會
4. 人物情緒：人物情緒隨情節的變化
5. 時空背景：時間、地理位置、景色 、顏色、氣味……

有了方向，就可以開始緊扣著認知、情意、技能三大目標思考，應該從課文中找出哪些重點來進行教學？認知部分比較不是故事體文章會延伸深究的重點，所以可以直接往情意和技巧（寫作手法）部分著手。這麼一來，主題、情節安排、人物情緒，以及故事中的所有角色刻畫，都是在教學時可以發揮的素材，而人物的外型特徵、心理特質、職業、興趣、嗜好、家庭背景、人際

關係……都可以依照老師自己的需求來設計問題與活動。

　　為了更具體幫學生搭起學習「鷹架」，溫老師特別整理「語詞列表」，發展出一套「人物情緒卡」與「人物性格卡」，讓學習者可以直接選擇語詞和內容配對，不必撓首托腮由自己創造情緒、性格相關語詞，格式請見附錄（頁 196）。

（2）教學設計

1. 故事主題

　　這部分的教學絕對是主戲，如何擺脫傳統說教形式，還能成為有趣的教學活動，是老師可以努力的方向。〈庾亮不賣馬〉寫作重點既然是主角庾亮的人性掙扎，那就讓他來一場「良知天使」和「糟糕惡魔」的 PK，再來聽聽主人庾亮的想法。

　　〈她是我姐姐〉的主題強調「折翼天使」要由大家一起來守護，那麼應該如何守護呢？這是一則從「主題」往外延伸的學習與寫作，讓孩子不僅理解課文的訴求，也能從自己身邊做起，盡量做到守護的責任與義務。

2. 情節安排

　　〈巨人的花園〉的主題在談「分享」，只要透過故事基模分解寫作手法與文章內涵，也可以請學生仿作一篇同類故事，實際練習故事的寫作結構：人物＋背景＋原因＋問題＋解決＋結果＋回響。

3. 人物刻畫

　　讀完〈完璧歸趙〉可以使用「性格列表」，問問學生是否也想成為像藺相如那樣的人？並從中找出他所擁有的特質。

4. 人物情緒

　　請將〈國王的噴泉〉依照村長解決問題的事件分段摘要，再從「情緒列表」中找出每一個事件發生時村長的「情緒」，並用譬喻或擬人的方式寫出來或畫出來，可以加入動作、表

情、顏色、氣氛、身體感受、心裡的想法……。

　　以上重點說明，簡單提供教學可以發展的方向，只要老師們明白，這些都是成就一篇好故事的關鍵，閱讀和寫作教學就有了著力點。如果課文有提到這些重點，就可以在深度閱讀時提問，請孩子自己挖掘並析理出這些要素；如果沒有，老師也可以在進行創意寫作教學時，請學生自己表現、分析，彌補課文的不足。

（二）記敘文

（1）教學亮點

　　多數記敘文內容大約都跟生活扯上關係，所以，把這些課文放在一起閱讀是可行且很有趣的方式，接著請從以下這幾個問題來思考：

1. 記敘文的文章有什麼特色？寫作手法如何？

2. 如果用「說明文」來表現原來的內容，會變成什麼樣子？

3. 除了寫作手法，記敘文還有什麼「知識」可以學習的呢？

4. 把記敘文中的「知識成分」抽出來之後，剩下的會是哪些內容？
　　這些是屬於什麼？

5. 記敘文中的「情感成分」，能為原來的「事件」改變什麼體質？

6. 「情感成分」如何轉成教學養分？又如何設計成教學活動？

7. 遊記的「說明成分」如何析理與呈現？（遊記的原貌與變臉）

8. 記敘文如何被演變成「詩歌」或「應用文」？如何把這些變形
　　文章打回「原形」？

（2）教學設計

1. 包藏禍心（事實）的文章——從記敘文到說明文

　　〈卑南族男孩的年祭〉強調的應該是「年祭」，請從課文中找到年祭的重點，並且用紅筆標示事件順序，最後再看看有哪些東西被省略掉了？例如：人物、感受、語助詞……。

39

2.讀出記敘文中的「情感成分」

　　黃雅歆〈迷途〉（康軒版）提到作者面對孤獨、恐慌，因此伴隨而來的事件和人物情緒的文字讓人動容，閱讀時若特別將人物的心理狀態做一檢索，就更能讀出感動，也能了解記敘文的特殊手法表現。為了更清楚看見文章中的情感成分，可以透過學習單以及「情緒列表」，與孩子試著慢慢將課文做另一種解讀。

3.從詩到記敘文

　　〈我要給風加上顏色〉中提到：「微風，就塗上淺綠色；強風，就染上濃黃色；狂風，就著上暗紫色……」這首詩讓風有了生命，也讓風有了靈動的身體和思想。若能給風加上顏色，再把風吹過各種地方，把風會說的悄悄話寫下來，那麼，原來的詩句就不再只是精煉的語言，也可以是豐富多彩的美麗文字，也就是記敘文的表現形式。

4.「遊記」的原貌與變臉

　　遊記的「說明成分」如何析理與呈現？順著〈淡水小鎮〉的課文，閱讀和寫作重點可以直接拉到淡水的觀光旅遊，所以，就可以把這些補充說明的重點資料，再濃縮或改用「我是淡水小鎮」第一人稱來寫作，既能成就認知目標，又能練習寫作技巧，也就是將記敘文的「人物情緒」編織在生硬的「說明文」之中。

（三）說明文

（1）「說明文」長怎樣？

1.實物說明文：強調的是事物的形狀、構造、性質、功能等。題目常含有「介紹」、「作用」、「是什麼」。

2.實用說明文：說明重點在於事物的製作程序、使用方法等。題

目常含有「使用」、「方法」、「製作」、「怎樣」。

3. 事理說明文：說明的重點為事物的成因、相互關係或原理等。題目常含有「原因」、「為什麼」、「怎回事」、「怎樣」。

（2）「說明文」大解構

1. 定義

運用簡潔扼要的文字，概括地介紹事物特徵、性質、形態、功能、原理、來源、成因、發展……讓人們清楚了解。常用在理論著作、教科書、詞典或產品說明書中。

2. 特色

篇名大多不帶情緒字眼，內容經常帶有科學性、客觀性、知識性。

3. 手法

3-1 詮釋：解說事物的某些方面，或是用詞語釋義的方法來說明事物的某些特點。

3-2 比較：透過比較兩種事物之間的異同來達到說明目的，通常用熟悉的具體事物，來與陌生的抽象事物互相比較，從而把陌生的事物介紹清楚。

3-3 舉例：說明某些難以理解的抽象概念或原理原則時，舉出適當的例子，可以使抽象的概念原理具體化、形象化，令人容易理解接受。

3-4 引用：引用相關的文獻記載、資料紀錄以及故事傳記、名言佳句作為說明的依據，既有助於充實所要說明的內容，更可以增添文章的文采。

3-5 數字與圖片：許多文字不能說清楚的問題，改用圖表說明就能一目了然。

上述都是關於「說明文」的一些資訊，教學之前老師可以仔細思考，我們讀的課文或補充資料，內容是否都包含這些要項

呢？至於真正面對課文時，我們又該如何進行教學設計？

（3）教學設計

1. 説明文的祕密武器──圖畫輔助文字説明

〈熊與鮭魚〉是篇典型的説明文，內容屬生態知識，不妨請學生畫出課文中所提到，鮭魚從出生到死亡的歷程，不僅增加趣味，也能強化理解與記憶，順道練習説明文的寫作手法。

2. 翻出知識的藩籬──從説明文到記敘文

〈神祕的海底古城〉課後，可以進行海底古城的自述寫作。試著增加海底古城的真實性與豐富性，再把兩者的資訊結合，讓學生的想像力為古城賦予生命，讓古城自己説話。這樣的教學不僅知性還充滿了濃濃的浪漫情調，也讓「説明文」教學多了無限創意與想像的空間。

3. 知識的窗口──從説明文到提問策略的實踐

〈沙漠之舟──駱駝〉內容完整，拿來練習提問最為適切。怎麼教孩子提問？參考 PIRLS 的幾個提問原則，加上老師的經驗，邀請孩子一起發想，不僅更能熟悉駱駝的生態，還能間接發現説明文的文體特性以及寫作手法：講究事實，不做主觀的情感表述。

（四）議論文

議論文的結構雖然簡單，但是對國小老師而言，要教得精采不八股，讓孩子學會之後，寫出不落俗套的議論文，實在不是件容易的事。從「讀寫合一」的概念分析課文，進而教學生如何學會寫議論文，是溫老師一貫的做法，這麼多年來既經濟又實惠，師生皆受益良多。

（1）「議論文」長怎樣？

通常很容易就可以從題目看出來，是不是議論文。例如：「談合作」、「良言一句三冬暖」、「開卷有益」、「永遠不會

太晚」……都是一些抽象的道理。

議論文的典型題目是「論題＋論斷」，但也並不是那麼絕對。有些題目只說了論題，並沒有下論斷，例如「談合作」，題目並沒有說合作了以後會怎樣？而「良言一句三冬暖」，就明確地說出只要有「良言」（論題）就一定會「三冬暖」（論斷）。

還有一種題目只有論斷、沒有論題，例如「永遠不會太晚」。究竟什麼東西「永遠不會太晚」呢？題目中並沒有具體指出要說服人家什麼，也就是說沒有「論題」，但這種類型並不多見。老師們可以先從課本中找出所有的議論文，再來仔細對照檢索，是不是有以上這些狀況？甚至，就請孩子玩遊戲找一找，不管是對未來議論文閱讀的預測能力，還是寫議論文的命題作文，皆有莫大助益。

（2）「議論文」大解構

1. 定義

綜合歸納維基百科的資料可以知道，議論文重點在於提出主觀看法論述抽象議題，重在以「理」說服別人。透過文辭論辯說解，分析事理、明辨是非、權衡利害、判斷真義，進而說服別人相信自己，同時批評別人的意見。

2. 辨別

與說明文最大的不同是，議論文除了強調「重要性」，還會教人「如何做」，說明文則只會說明或強調「重要性」。這是溫老師自己的分類規準，老師們可以再自己補充。

3. 結構：論點＋論據或論證＋結論

在現行國小課文中，溫老師歸納出比較普遍的「論據」表現手法，就是在文章中用說明的方式支持論據，例如〈做時間的主人〉用古今中外的例子，說明人們若是懂得善用時間，就容易達成自己的目標的論據。

「論證」則可分為三種。第一為「事證」，將事件濃縮成為案例，有正例、反例兩類，例如：馬友友（正例）、李安（正例）、守株待兔（反例）。第二為「言證」，比如偉人說的話、俗諺、俚語、成語……。最後是「物證」，包括石頭、野草、大自然等等，都是很好的例子。

（3）教學亮點

1. 形式結構（表格可順應需求靈活變動）

論點	引題	1. 引用名人的話 2. 事件案例 3. 統計說明 4. 提出疑問（不一定會出現）			
	觀點	作者開門見山，直接陳述想要說服讀者的觀點			
論據或論證	論據	是什麼	怎樣做	結果	影響
		引證文章的論點。論據通常是指一個事件，所以會有主角、問題、解決、結果、影響			
解決	論證	論據結束後，再延伸說明論據的用意，用各種論證手法支持論點，例如事例（史例、語例、設例）、駁論、歸納、演繹、論證、對比、類別、比喻、正反等			
結論		再將論點重述或強調一次			

2. 策略提問

議論文閱讀理解／提問要素雙向細目檢核表				
閱讀理解 層次 提問要素	a. 記憶理解	b. 推取含意	c. 批判思考	d. 欣賞創造
形式 （結構布局）				
主題 （主旨或觀點）				
選材 （材料的選擇）				
特色 （創發性）				
讀者回響				

3. 形式深究

3-1 這是一篇議論文嗎？你怎麼判斷的？老師先跟學生溝通議
論文的特色有哪些，學生知道之後，就可以依據這些原則
去檢索文章是否符合，並且說出自己判斷的緣由（形式，
b）

3-2 將文章摘錄至議論文的文章結構表（形式，a、b）

3-3 寫出本課大意（形式，b）

3-4 寫完之後，再跟其他同學分享、討論，看看哪裡有不同之
處？什麼原因造成不同？（形式，c）

4. 內容深究

4-1 作者想要說服讀者的觀點是什麼？從哪裡看出來？（主題，

a）

4-2 作者用了哪些「論據」或是「論證」來強化觀點呢？你覺得好嗎？合理嗎？為什麼？（選材，a、c）

4-3 如果要你來舉例，你會舉什麼呢？又會用什麼樣的方式呈現呢？（選材，d）

4-4 結論還可以怎麼說？（形式，d）

4-5 作者的論據及論證是用什麼類型的句型寫出？請分析並試著仿作（形式，b、d）

4-6 這篇議論文你覺得寫得好不好？可以說服讀者嗎？為什麼？（讀者回響，c）

4-7 你能不能想出另一個題目也可以這麼寫？想一想，構思後寫出來（讀者回響，d）

（五）人物傳記

（1）主旨目的

1. 提供孩子正面學習的典範

2. 透過典範人物認識各個專業領域

（2）結構特色

1. 主角背景簡介

　　1-1 生理：外型特徵

　　1-2 心理：個性

　　1-3 社會：職業、專長、興趣、家庭狀況、年齡、國別、出生地……

2. 專業領域養成過程中遇到的挫折（問題）

3. 如何克服一系列的問題（解決）

4. 最後的結果如何？（結果）

5. 對他人或社會人群的貢獻，以及後人或他人的評價（回響）

（3）教學亮點

1. 文章中對主角背景的介紹，提到了哪些資料？這些資料，對我們認識這位人物為什麼是重要的？

2. 文章中選擇了哪些事件來說明主角之所以成功？這個事件的問題、解決及結果如何？主角面對這些困難時的想法及態度？

3. 這些困難是主角在什麼年紀發生的？你會怎麼面對？

4. 依你看，主角碰到的困難嚴不嚴重？一般人能夠忍受或面對嗎？為什麼主角有能力或願意克服？

5. 從這篇故事看來，要比別人更成功，需要具備什麼樣的條件？

6. 在你身旁或認識的人之中，有沒有值得我們學習的人物呢？

（4）教學設計

1. 仿寫結構：提供寫人、記事文章的架構，讓孩子試著依樣畫葫蘆，摘要、描述其他的偉人，或者自己的親友、同學，進行模仿寫作。

2. 讀者回響：試著寫一封信給書中的人物，信的內容可以摘述課文大意，提到主角讓人敬佩以及值得學習之處。接著請孩子讀完課文之後，對現階段的自己進行檢視，或是找出想要改進之處。最後提出問題問主角，或是寫下想說的悄悄話與祝福。

3. 擴句：擴充課文事件描述段落中，補充人物動作、表情或是心理反應、人物對話……不足之處。

4. 改寫情節：集思廣益，想想主角遭遇的困難，還有哪些解決的辦法？試著改寫原來文章中的劇情。

5. 改寫文體：把人物傳記改成訪問稿。題目可由老師和孩子一起討論，內容則以原來的課文為主。

6. 讀書報告：如果文章夠長，或者另行補充該人物的傳記資料作為延伸閱讀，再請學生寫成一篇讀書心得評論報告。

文體分類		形式架構 （順序可以變換）	文章呈現特色
記敘文	故事	背景＋原因＋問題＋解決＋結果＋回響	1.故事主題 2.情節安排 3.人物刻畫 4.人物情緒 5.時空背景 6.強調解決問題的過程→因果關係（cause）＋結果、感受
	人事物景	背景＋過程（原因、經過、結果）＋回響（感受、評論）	1.記人 　1-1 強調人物特性描寫，包括外在和內在 　1-2 文字描述他人的話或是事件說明＋感受 2.記事：什麼人＋做什麼事（列舉式）→列舉事件（and）＋結果、感受 3.敘事 　3-1 什麼人＋做什麼事（先、再）→時間順序（than）＋結果、感受 　3-2 什麼人＋為什麼（原因）＋做什麼事→因果關係（cause）＋結果、感受 4.記物：強調對物體特性的描寫＋感受 5.記景狀物 　5-1 物＋特性＋感受 　5-2 時、地＋物＋特性＋感受 6.遊記：記事＋記景＋抒情（人事時地物＋感想）

	人物傳記	前言（人物背景介紹）＋人物中心描寫（問題、解決、結果）＋回響（評價）	1. 人物背景簡介 　1-1 生理：外型特徵 　1-2 心理：個性 　1-3 社會：職業、專長、興趣、家庭狀況、年齡、國別、出生地…… 2. 專業領域養成過程中遇到的挫折（問題） 3. 如何克服一系列的問題（解決） 4. 最後的結果如何？（結果） 5. 對他人或社會人群的貢獻，以及後人或他人的評價（回響）
說明文	圖畫物品建築美術動物植物儀式舞蹈抽象道理	（1）實物說明文 　1. 說明重點：事物的形狀、構造、性質、功能…… 　2. 題目常含有：介紹、作用、是什麼 （2）實用說明文 　1. 說明重點：事物的製作程序、使用方法…… 　2. 題目常含有：使用、方法、製作、怎樣 （3）事理說明文 　1. 說明重點：事物的成因、相互關係或原理…… 　2. 題目常含有：原因、為什麼、怎麼回事、怎樣	1. 定義：運用簡潔扼要的文字，概括地介紹事物特徵，常用在理論著作、教科書、詞典或產品說明書中 2. 手法 　2-1 詮釋：解說事物的某些方面，或是用詞語釋義的方法來說明事物的某些特點 　2-2 比較：比較兩種事物之間的異同達到說明目的，用熟悉的具體事物，來與陌生的抽象事物互相比較，從而把陌生的事物介紹清楚 　2-3 舉例：說明某些難以理解的抽象概念或原理原則時，舉出適當的例子，可使抽象的概念原理具體化、形象化，令人容易理解接受 　2-4 引用：引用相關的文獻記載、資料紀錄以及故事傳記、名言佳句作為說明的依據，既有助於充實所要說明的內容，更可以增添文章的文采 　2-5 數字與圖片：文字不能說清楚的問題，用圖表說明就能一目了然

| 議論文 | 論述並教導抽象道理 | （1）論點：說明主張的觀點
（2）論據、論證：說明主張的論點（正例、反例）
　1.事證：守株待兔的故事
　2.言證：名人名言、俚語、成語
　3.物證；石頭、野草
（3）結論：回顧觀點，進行總結 | 1.定義：提出主觀看法論述抽象議題，重在以「理」說服別人。透過文辭論辯說解，分析事理、明辨是非、權衡利害、判斷真義，進而說服別人相信自己，同時批評別人的意見（引自維基百科）
2.辨別：與說明文最大的不同是，議論文除了強調「重要性」，還會教人「如何做」；說明文只會說明或強調「重要性」 |

故事體

一、

斑文鳥和小山雀

 第一秒 溫老師這樣想

　　故事閱讀教學通常都會以故事組成要素作為探討重點，因此人物刻畫、情節安排、基調（場景、人物情緒）、主題都是可以切入故事核心的角度。這篇故事直指「人物刻畫」的核心──人物個性，透過對話開展，並沒有直接說明斑文鳥比較活潑大方，小山雀則屬害羞內向，所以方便帶著學生推論。

　　另外，全文兩個角色也不過四句對話，按照常理來說，阻斷劇情繼續發展實在糟糕，但此篇故事因為有了好的開頭引領，意外促成學生自由發想的平臺，所以如果作者再寫下去，反而會扼殺學生的想像與創意。

 第二秒 故事體這樣讀

（1）掌握大意

　　　　先請學生在課文上畫重點，再一句一句念出來，老師協助加上關聯詞寫在黑板上讓大家討論。

（2）形式深究

　1.這是一篇故事嗎？你怎麼知道呢？

　2.故事一定要包括什麼條件？從哪裡歸納出來的？（人物、事件、問題、解決、結果、主旨）

　3.主角有誰？牠們之間的關係是什麼？從哪裡推論出來的？

　4.牠們在哪裡？遇見了什麼狀況？為什麼會這樣？

　5.牠們最主要的問題是什麼？「一直沒有說話」代表什麼情形？你怎麼

會知道？

6. 是誰先解決牠們的問題？

7. 斑文鳥和小山雀有哪些對話？主要是用來介紹自己的什麼？

8. 最後有沒有解決牠們原來的問題呢？

（3）內容深究

1. 你覺得斑文鳥和小山雀的個性有什麼不一樣？從哪裡看出來？你比較像誰？為什麼？

2. 要怎麼跟一個不認識的人交朋友呢？你以前是怎麼辦到的？

3. 你覺得像斑文鳥一樣主動交朋友好嗎？為什麼？

4. 害羞內向的人該怎麼交朋友？分享一下經驗吧！

5. 你的朋友之中誰主動活潑？誰害羞內向？像不像課文中描述的斑文鳥和小山雀？

 **第三秒 同學們這樣寫**

A. 給斑文鳥／小山雀的一封信

（1）教學引導

　　這是故事中常見的「接寫」概念，從斑文鳥和小山雀認識之後，牠們開始想要更進一步認識對方，要怎麼繼續這一段意外的友情呢？就讓信件負起傳遞友誼的工作吧！

　　先將班上學生分成兩組，一組扮演斑文鳥，另一組則是小山雀。斑文鳥比較活潑所以先主動寫信，收到之後小山雀組再回信，同時也讓學生之間有相互期待的心情。

（2）寫作綱要

1. 知道為什麼要寫信給你嗎？（樹林中偶遇，好多事情還沒講清楚呢！請師生討論還有哪些可以介紹的）

2. 想邀請對方到家裡作客（準備的遊戲、食物⋯⋯）

3. 該如何到達？（住家環境簡介、飛行路線圖、注意事項⋯⋯）

4. 誠摯邀請的話語

5. 信封製作

B. 斑文鳥與小山雀（高雄市新光國小李郁璇老師）

（1）教學引導

　　　事先在班級上進行討論，歸納出斑文鳥的個性是大方、活潑、頑皮、有禮貌，小山雀則文靜、害羞、膽小。請學生依照老師的提示或自己的想法，為這兩隻鳥編一個比原來更精采的故事，也可以自訂題目喔！

（2）寫作綱要

1. 故事發生在什麼地方？（附近有什麼？感覺怎麼樣？）

2. 斑文鳥或小山雀飛進這個地方做什麼事情？說了什麼話？

3 小山雀和斑文鳥遇到什麼恐怖、危險、刺激、好笑或好玩的事情呢？

4. 這件事情是怎麼解決的？最後的結局是？

二、
庚亮不賣馬

第一秒 溫老師這樣想

　　這是記敘文中的故事體，內容不多卻道出人性弱點與抉擇，對於主角庚亮「己所不欲，勿施於人」的德行有簡短卻精準的描寫。

　　孩子年紀小、社會化程度不深，容易認為庚亮這麼做是對的，反倒是年紀越大的人，日漸體會社會現實與自我利益的衝突，可能比較傾向認為庚亮多少要聽進朋友的話，一來因為輿論提到這種馬不吉利，心情難免受到影響與波動，二來未經教化與感化，沒有人敢打包票能夠做到像庚亮一樣，隨時站在他人角度替人著想。

　　看似簡單的故事，卻隱含著深奧的為人處世道理，該如何把各個角色代表的概念具象化，讓三方的心理歷程被看見，成了教學最需注意的關鍵。至於該如何強化，或者應該強調哪一方，人們才容易將「己所不欲，勿施於人」變成下意識的心理習慣呢？

　　心理學特別強調「同理心」，該如何從文學作品培養孩子的同理心？第一，課文所強調的庚亮德行，老師不宜再過度美化或神化，應該讓他回歸正常人的為難與掙扎；第二，讓馬現身說法，告訴大家當牠被眾人誤解時的情緒變化，以及內心的不平之聲。雙管齊下，同理心自然應運而生。

第二秒 故事體這樣讀

（1）補充延伸

　　1.〈庚亮不賣馬〉原文故事──的盧馬的由來

2.〈仁智的孫叔敖〉──「己所不欲，勿施於人」的另一個典範

（2）分析與比較

單一故事案例不夠具有說服力，老師若能提供相似的情節與主題，學生就能明白故事背後想傳達的涵義，也可以練習故事結構要素的提取能力。

◎〈庾亮不賣馬〉故事結構表

	仁智的孫叔敖	庾亮不賣馬
人物評價		
原因	孫叔敖遇見雙頭蛇	庾亮新買了一匹馬
問題	聽人說：	朋友說：
解決	1. 孫叔敖： 2. 媽媽說：	庾亮說：
結果		
影響 （大家說）		
你的經驗與想法	1. 怎麼判斷別人的話是真是假？應該用什麼方法求證？ 2. 如果你是庾亮，被別人這麼一說會不會覺得怪怪的？是因為什麼原因？ 3. 如果你是馬，會用什麼方式證明自己是一匹很棒的馬呢？請至少說出四點 4. 孫叔敖跟庾亮相同的個性是什麼？從哪裡看出來？	

第三秒 同學們這樣寫

A.「庾亮不賣馬」的一場夢──天使與惡魔的拔河

（1）教學引導

寫作重點是主角庾亮的人性掙扎，目的是彰顯人類的弱點，證明

56

所有行為的背後都有所本,絕非天生或無端而起。另外,也要學生勇於面對自我,不需隱諱假裝,更不必永遠以強者面貌示人,沒有人是神聖不會犯錯的。只要隨時清楚當下面臨什麼困境,需要做什麼樣的決定、考慮什麼利弊得失,勇敢將心裡的天使與惡魔喚出交戰,就無所謂的對與錯、高貴與卑微。仔細檢視做決定背後的思考歷程,未來不管面臨何等險境,至少心頭篤定,就能聆聽自己最深刻的告白。

(2)寫作綱要

　　庚亮不是聖人,他也會在意朋友勸告,就在拿不定主意,不知道要不要把的盧馬賣掉的時候,想著想著睡著了,接著做了一場關於的盧馬的夢……。

1. 請學生在學習單中畫出、寫出庚亮的夢
2. 請天使說道理給庚亮參考
3. 請不甘示弱的惡魔反擊、拉攏庚亮,要庚亮把馬賣掉
4. 綜合兩方的理由,讓庚亮做出決定

◎「天使與惡魔的拔河」學習單

夢中的事件與圖像	良知天使說的話	糟糕惡魔說的話	主人庚亮的想法
1. 新買了一匹馬		嘿嘿!這麼醜的馬,你真的要買嗎?這樣騎出去一定很多人拚命笑你,而且認為你是笨瓜,有錢還不懂得要挑選駿馬!	我決定買這匹的盧馬,雖然不漂亮,個性卻跟我很合,我很喜歡

2. 朋友說「的盧馬」不吉利，要趕緊賣掉			
3. 庾亮騎馬出去被指指點點			
4. 庾亮不小心摔下馬			
5. 的盧馬救了庾亮			
6. 的盧馬原來是神仙假扮			

B. 的盧馬的日記小書／漫畫

（1）教學引導

從的盧馬的遭遇說起，呼應「同理心」教學，讓馬親自現身說法，學生自然看見受害者內心的掙扎與痛苦。用日記形式表現，透過畫和寫的方式減低學生壓力並提高學習興趣，可規畫成「的盧馬」週的每日作業，全班一定難以忘懷這樣的國語課。

（2）寫作綱要

的盧馬從離開家人的那一天起決定寫日記，記下每天重要的事情，以後有機會跟家人重逢，就可以讓牠們知道到底發生了什麼事。

1. 的盧馬的自我介紹

1-1 自己的名字是什麼？是誰取的？有什麼特殊意義？（例如：霹靂馬，以下開始以此名稱進行寫作）

1-2 霹靂馬的身世與家庭成員，以及每一匹馬的特色

1-3 畫出自己的長相

1-4 寫出長相不受別人喜愛的原因

1-5 寫一封媽媽給自己的離別信：鼓勵霹靂馬要自信、勇敢，努力學習當個最厲害的馬

2. 主人庾亮來買馬

2-1 庾亮看到霹靂馬時為什麼決定要買牠？理由是什麼？

2-2 賣馬的老闆怎麼介紹霹靂馬？（不要以貌取人，這匹馬具有神奇的魔力）

3. 庾亮的朋友勸他賣馬

3-1 朋友看到庾亮騎著霹靂馬，跟他說了哪些話？

3-2 為什麼庾亮沒有馬上決定要不要賣？他在想什麼？為什麼？

3-3 霹靂馬的情緒和動作、表情、反應如何？（震驚、難過、委屈、不甘心、無奈、孤單……）

4. 霹靂馬的反擊與證明

4-1 霹靂馬想起媽媽的話，想辦法證明自己是最厲害的馬

4-2 霹靂馬的祕密健身，以及特殊能力的練習

5. 庾亮不賣馬

5-1 庾亮決定帶馬去參加比賽，讓大家吃驚

5-2 庾亮送給霹靂馬的禮物

6. 霹靂馬寫信給家人

三、白鶴的禮物

 第一秒 溫老師這樣想

　　這是一篇寓言改編的故事，因為篇幅稍長，故事也寫得詳細而生動，所以是深度閱讀及創意寫作非常適切的材料。以下溫老師分別從故事改編成劇本及漫畫的角度，來跟學生討論這兩種寫作方式，以及需要注意的地方在哪裡。

第二秒 故事體這樣讀

（1）從〈白鶴的禮物〉談怎麼寫一篇好劇本

　1.故事和劇本之間相同與相異之處是？你怎麼發現的？

　2.劇本的基本格式長得怎樣？臺詞之後的括號有什麼用處？可以用來補充說明什麼呢？（聲音、動作、表情；道具；情境說明）

　3.〈白鶴的禮物〉若改編成劇本，你覺得需要注意的地方是哪裡？為什麼？

　4.〈白鶴的禮物〉可以分成幾幕？是如何確定的？

　　4-1 第一幕：白鶴受邀到狐狸家吃飯

　　4-2 第二幕：狐狸受邀到白鶴家吃飯

　　4-3 第三幕：白鶴再度受邀至狐狸家吃飯

　5.如何透過臺詞，讓每個人物都很有特色呢？請舉一個人物說明

　6.如何讓〈白鶴的禮物〉劇情活潑、熱鬧又有趣味？

　7.如何檢驗你的劇本，在演出時演員會覺得沒有問題呢？

（2）從〈白鶴的禮物〉談漫畫

1. 現成的故事要轉變成漫畫應該注意哪些事？為什麼？你有過這樣的經驗嗎？

2. 〈白鶴的禮物〉要畫成漫畫，你覺得最難的是什麼？為什麼？想要怎麼克服？

3. 你會把這篇故事設定成幾格漫畫？為什麼？

4. 你會保留〈白鶴的禮物〉哪些故事重點呢？請從課文中找出來，並說說為什麼？

5. 請比較故事和漫畫之間的差異性在哪裡？並且說說為什麼很多人喜歡看漫畫？

6. 漫畫裡面文和圖的比例怎樣才是最恰當的？請舉你看過的漫畫為例說明（老師可舉坊間實例說明）

第三秒 同學們這樣寫

◎〈白鶴的禮物〉劇本

（1）教學引導

　　讓學生練習從故事到劇本的編寫用意有二，一是為了讓學生把人物、動作、表情、心情以及故事細節表現出來，二則是為了表演而預作準備。討論或改編劇本的過程中會發現，許多原本故事未寫清楚的細節，竟然出現在劇本上，那是因為要讓演員演出，所以劇本必須鉅細靡遺才能成就一齣好戲，所以就會越寫越仔細，這是寫故事時很難磨練的功力。若擔心學生時間不足，可以選擇其中一段故事來練習即可，重點是要寫得細緻清楚。

（2）寫作綱要

1. 旁白：課文有哪些句子可以成為旁白呢？為什麼？

2. 臺詞：說話的口氣及念起來是不是像說話般自然流暢？

3. 括號中的補充說明要清楚詳細，讓演員容易了解，上臺表演時才知

道應該如何表現

（3）範例參考

1. 課文：傍晚，白鶴收到狐狸的邀請卡，卡片上寫著：「請帶著歡喜的心情，來參加這場餐會……」

白鶴：哇！太好了，這隻吝嗇的狐狸竟然邀請我到他家吃飯，太陽真的要從西邊出來囉！（拿著信紙搖搖頭，一副不敢相信的表情）

2. 課文：當白鶴興沖沖的赴會時，沒想到狐狸竟然把香噴噴的魚湯，倒進淺淺的盤子裡。

白鶴：狐狸呀！謝謝您的邀請，我真是高興極了！好感動！（一副興奮又感動的表情，臉上堆滿笑容，雙手握著狐狸的手）

狐狸：歡迎白鶴您的大駕光臨，能請到您才是我的榮幸呢！哈哈，來來來，趕緊上座吧！（有點狡詐及詭異的笑容與聲音，還拉著白鶴到餐桌前坐定）

白鶴：看起來我今晚可以好好飽餐一頓囉！（摩拳擦掌，嘴巴還發出哂哂的聲音）

狐狸：白鶴啊！你看我為您準備了香噴噴的魚湯，請好好享用吧！（端出用淺盤子裝的魚湯）

白鶴：這……這……這……這是要給我的魚湯？您有端錯嗎？（瞪大眼睛不敢相信，說話結結巴巴）

狐狸：嘻嘻！這是我特別為您挑選的高貴餐具，怎麼會錯呢？（提高音量，用著非常奸詐狡猾的聲音說話，臉上似笑非笑，令人厭惡的表情）

白鶴：這種盤子我要怎麼吃呢？你會不會太過分啦？這樣招待客人

算什麼主人呢？明明知道我的嘴巴是尖尖的，還拿出這種餐具？哼！（非常生氣的握拳還拍桌子，而且臉紅脖子粗，說話很大聲）

狐狸：唉呀！我說白鶴，到人家家裡作客這麼大聲咆哮，您又懂禮貌了嗎？我是狐狸，我家用的餐具就是這樣，我可沒弄錯啊！（一副理所當然的樣子，臉上的表情要笑不笑）

四、
巨人的花園

第一秒 溫老師這樣想

　　用故事來說道理永遠是王道亦是正道，因為沒有人不想聽故事，但重點是故事聽完，孩子能順利步入「道理」的世界嗎？強調道理的故事教學，到底該注意什麼事項呢？〈巨人的花園〉不是強調「情節」的童話故事，其重點乃是背後主旨——分享，也就是說，這篇文章重點應該放在作者王爾德談「分享」的哲學觀上面。

　　「分享」到底有沒有條件？你曾經好好思考過嗎？

　　問問各個年齡層的人，對「分享」的定義是什麼？會有什麼不同嗎？為什麼？你是否曾經因為一時大方「分享」，而後卻懊悔不已？學生之間是否也常因此鬧得不愉快？如果，以上狀況都曾經遇過，那麼在進行這篇故事教學之前，老師一定得好好深思並設計要讓學生討論的問題。

第二秒 故事體這樣讀

　　讀完故事，想讓學生能掌握本課真正的內涵，絕對要問以下幾個問題，以便釐清王爾德的「分享」思維。

　　1.巨人從「獨享」變成「分享」的原因是什麼？

　　2.如果，孩子們沒有讓花園花開、草綠，巨人還會歡迎孩子進他的花園嗎？為什麼？

　　3.你覺得巨人的「分享」是無條件還是有條件？從哪裡讀出來的？為什麼？

4. 現實中，你覺得同學的「分享」行為大多屬於哪一種？請提出生活中的經驗說明

5. 「分享」只有「你對我好，我才會對你好」這種情況嗎？為什麼？

6. 你有沒有遇見過「分享」是無條件的？這種無條件的分享，分享人的想法到底是什麼？為什麼他要這麼做？這跟耶穌的「分享」一樣嗎？

7. 請說說你曾經做過哪種「分享」？或你知道別人曾經分享的故事

8. 「有條件分享」和「無條件分享」，對分享者來說哪一種比較難？為什麼？

9. 談談你或家人曾經被分享的反應及心情？

10. 現在你清楚「分享」的真正定義了嗎？要分享前，你會告訴自己到底是哪一種嗎？為什麼？

　　如果沒有和學生針對上述問題進行討論，這課等於沒有讀懂。其中第六題到第九題很適合作為回家功課，請學生訪問家人、鄰居或朋友。

第三秒 同學們這樣寫

A. 小朋友給大巨人的一封「說服」信／卡片

（1）教學引導

　　為什麼要分享？為什麼有些人就是不肯分享？這之中到底發生了什麼問題？一個人在什麼樣的狀況之下，願意開始分享呢？這樣的思考不僅釐清了自己的想法，也能慢慢揣摩他人的思維，更重要的是免於「分享暴力」，不再一味指責他人為什麼不分享。

（2）寫作綱要

1. 問候：給大巨人問候並且讚美他的花園

2. 同理心：找出五個大巨人可能不開放花園的原因，例如很吵、亂丟垃圾、破壞環境……

3. 解決問題：針對上題，找到解決方法並保證不會發生

4. 創造利多：找出五個「分享」花園對大巨人能產生的好處

5. 結語：畫一張美麗又特殊的卡片，用最禮貌的口吻寫下對巨人的祝福和自己的姓名

B. 大巨人的花園 Party（小書製作）

（1）教學引導

人人都有可能是分享者或被分享者，同理心與角色扮演相對重要，在這裡也讓學生站在巨人的觀點看事情，讓學生更理解兩種身分的思維有何不同。

（2）寫作綱要

1. 大巨人自我介紹：外型、特徵、喜好、專長、個性
2. 巨人的道歉：說明為什麼不喜歡分享，以及把小朋友趕跑的原因
3. 巨人的領悟：提到沒有笑聲的花園和自己的痛苦
4. 巨人的感謝：為小朋友設計的花園，還有舉辦的歡樂 Party
5. 大巨人的誠摯邀請：請小朋友呼朋引伴一起來狂歡

C.「分享」故事大集合

（1）教學引導

讓學生學習故事結構與內涵，仿作一篇同類文章，不僅可以將生活經驗化成故事，還能誘發其想像力來創作。這麼一來，先前學到的故事基模也能派上用場，下次對於故事結構及內涵的掌握，絕對會更加快速精準。

（2）寫作綱要

先請學生依照學習單的引導，找出這篇故事的寫作手法，再仿作一篇「分享」的故事，正式動筆寫作。

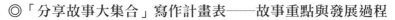

◎「分享故事大集合」寫作計畫表──故事重點與發展過程

課文故事：巨人的花園	我的故事：＿＿＿＿＿＿＿＿ （請寫上故事名稱）
人物設定及特殊寶貝說明： 擁有很多人沒有的寶物或珍貴的東西 （第一段）	
拒絕分享： 人、事、時、地、物→主角的反應 →主角更加保護自己的寶貝 （第二、三段）	
事件過程和反應： 拒絕分享後得到不好的後果 （第四段）	
事件過程和反應： 不經意發現分享的好處 （第五段）	
分享後得到的領悟及好處 （第六、七段）	

五、
完璧歸趙

第一秒 溫老師這樣想

雖然這課以「劇本」形式表現，卻能一眼就知道內容是一篇「故事」，所以，教學者第一個要注意的就是文章形式的表現手法。從劇本形式到故事文體，這之間的轉化需要哪些條件與手法？一旦清楚解構之後，就有助於學生未來的寫作多元表現。

解決了形式上的問題，接下來要特別強調「事件」、「人物」與「主題」這三件事情。〈完璧歸趙〉是一個歷史事件，站在知識層次的教學角度來看，正好利用此機會進行歷史故事的講述，增進學生對當代時空、政經環境、人物背景……的理解，對於理解文章後續引發的衝突有莫大幫助。

至於「人物」與「主題」則相互牽動，彼此唱和。主角對於事件的看法、決策及行動被解讀評析之後，成為後世觀摩學習的重點，經過歸納與重新演繹，就成了所謂的「文學主題」。這種從真實事件延伸而出的行為學習，最受眾人歡迎與仿效，因為具體可行、彷彿歷歷在目，擺脫制式八股的說教，觸動人心之餘，也牽動讀者的情緒變化。

在本篇故事中主題是「機智」，如何成為可學習的行為目標？例如課文中提到：「藺相如一言不發，冷眼旁觀。秦王捧住和氏璧，翻來覆去的看，得意的哈哈大笑，隻字不提十五座城池的事。」光從這一小段就能看出藺相如個性中的冷靜、謀略、洞察……透過更精準的細部化「行為描述」，才能讓學生知曉，這個故事如何應用在日常生活中的反思與學習。

第二秒 故事體這樣讀

除了請學生整理出故事結構表，以表格統整對整篇文章的理解，或者嘗試將劇本形式還原改寫成故事文體之外，也可以讓孩子從課文裡找出藺相如的機智條件，進行深入的分析與閱讀。

◎「藺相如機智條件大搜索」學習單

課文故事內容	機智行為	機智條件
1. 藺相如認為以當時情勢，趙國答應秦國的要求會比較好		1. 停止抱怨 2. 自尊 3. 堅持 4. 冷靜 5. 口才 6. 冒險 7. 洞察 8. 勇氣 9. 行動 10. 謀略 11. 謹慎 12. 獨立
2. 我帶和氏璧到秦國去，假如秦國守信，就把和氏璧留給秦王；假如秦國食言，一定將和氏璧完好帶回趙國		
3. 藺相如一言不發，冷眼旁觀。秦王捧住和氏璧，翻來覆去的看，得意的哈哈大笑，隻字不提十五座城池的事		
4.（上前一步，面對秦王）報告大王，這塊和氏璧有點破損，難道大王沒看出來嗎？讓我為大王指出來，好嗎？		
5.（接過和氏璧，走到石柱旁站定，看著秦王，聲音響亮）我看大王並不想拿十五座城池來交換和氏璧！現在，我把和氏璧拿回來了，您真有誠意交換嗎？		
6.（直視秦王，一點也不害怕）大王，您要是強人所難，我的腦袋就和和氏璧一塊兒撞碎在柱子上，讓您什麼也得不到！（舉起和氏璧，朝著石柱走近一步）		

7.（暗自對自己說）我不能中秦王的計！（笑了笑）大王，和氏璧是珍寶，我們應該舉行隆重的交換典禮		
8. 和氏璧已經送回趙國！大王先把十五座城池讓給趙國，趙國重禮守信，一定把和氏璧送到大王手上，不會食言		
9.（語氣堅定有力）大王，您殺了我不但得不到和氏璧，而且還會讓天下人都知道秦國是不守信用的！秦強趙弱，如果秦國把十五座城池讓給趙國，趙國怎敢不交出和氏璧呢？		

 第三秒 同學們這樣寫

A. 藺相如「超機智糖果鋪」開張囉！

（1）教學引導

　　如果有一間糖果鋪專賣好吃的糖果，裡面的成分又能讓自己變成機智的人，你說這間糖果鋪會不會擠爆呢？當然，糖果不會讓人真的變成機智的人，可是卻能吸引、鼓舞更多的人朝這個方向努力。現在我們就來開一間「超機智糖果鋪」，讓人人都能夠擁有機智吧！

（2）寫作綱要

　　1. 我想要送給○○○哪一種機智糖？為什麼？（參考「藺相如機智條件大搜索」學習單的機智條件）

　　2. 用故事的文字說明這顆機智糖在〈完璧歸趙〉中，發揮什麼特殊功能？如何幫助藺相如脫困？例如：「洞察糖」在〈完璧歸趙〉中這樣幫助了藺相如：「藺相如一言不發，冷眼旁觀。秦王捧住和氏璧，翻來覆去的看，得意的哈哈大笑，隻字不提十五座城池的事。」藺相如因為「洞察糖」，早就看穿秦王的計謀，心裡開始計畫下一步。

　　3. 吃了機智糖之後，還要做什麼才能發揮機智糖的效果呢？請詳細舉

例說明。例如：吃下「洞察糖」之後，記得安靜觀察、聆聽別人的說話或動作表情，是不是有其他的用意？不可以隨便插嘴，或者分心其他事物。

4. 祝福○○○悄悄話。

5. 準備一顆好吃的糖，將文章用漂亮的信紙寫好，一起裝入小包裝，誠心地送給○○○。

B. 我想成為一個機智的人

（1）教學引導

　　看完藺相如〈完璧歸趙〉的故事，你是否也想成為像他那樣的人呢？藺相如的機智絕非當下靈光一閃，而是必須從小開始訓練、從日常生活中培養。接下來就從這些機智養成的條件中慢慢思考，告訴自己應該怎麼實踐吧！

　　例如「冷靜」這個機智條件，讓班上學生想到自己平常錯誤的行為：有一次，同學不小心撞到我，我就一拳揮過去，打得他哇哇大叫，其他同學看見我的行為，馬上去告訴老師。他們並沒有看見我被撞到，只知道我打了人，老師處罰我不可以下課，還在聯絡簿上跟爸媽報告，害我在教室受罰回家又被罵。我好後悔，為什麼當時不能先「冷靜」下來，想想該怎麼做更好呢？不冷靜讓我被撞倒又受罰，同學被我揍了一拳一定也很痛，兩個人都受傷的結果是最糟糕的啊！

（2）寫作綱要

1. 請參考「藺相如機智條件大搜索」學習單，選出三至五個機智條件

2. 為什麼會想到要讓自己成為一個機智的人呢？機智對我們到底有什麼影響？

3. 你搜集到哪些機智條件？應該怎麼做才能成為這樣的人？

4. 請依據各項條件，想想自己平時錯誤的行為，以及應該如何改進呢？舉出自己的實際案例（參考前面「冷靜」的範例寫法）

5. 檢討反省了自己的行為之後，想好應該怎麼做了嗎？寫下來與大家分享吧！

六、
國王的噴泉

 第一秒 溫老師這樣想

這是一篇非常有深度又具價值的寓言故事,與《伊索寓言》不同的是內容豐富,故事情節富有張力,人物性格描繪與刻畫非常到位,所以孩子讀起來會很過癮。

這麼好的閱讀素材當然不能放過,不僅從故事細節可以找到寫作的能量,更重要的是「價值觀」的討論與建置,特別是這篇文章的主旨──「做,就對了!」一語道破面對人生的態度,也命中所有人的缺點。

另外,更精采的是當主角村長面臨幾波挫折後展現的人性真實面,如同探照燈,終於將幽微或巨大的情緒變化,赤裸裸地攤在陽光下被檢視,這裡非常值得關注討論,讓人對英雄人物有了悲憫與共鳴,而不再有錯誤或者過度的期待。所以,不管是深度閱讀或創意寫作,都應朝這個方向來思考並設計課程。

第二秒 故事體這樣讀

(1) 故事人物情緒探索——從地獄到天堂，我知道

◎「從地獄到天堂，我知道」學習單

村長解決的問題摘要	情緒語詞（參考附錄一）	請用譬喻或擬人的方式寫出、畫出村長當時彷彿在地獄的情緒，可加入動作、表情、顏色、氣氛、身體感受、心裡的想法……
村長離開了家，獨自爬著陡坡，走在看不到盡頭的山路上。就在離皇宮不遠的地方，村長被衛士逮捕，一路拖著他去見國王。	無奈、恐懼、委屈、孤單	整個人彷彿掉到地獄，陰風陣陣，黑暗中還傳來厲鬼不時讓人嚇破膽的喊叫聲……
「夠了！」國王不耐煩的大叫：「你好大膽，竟敢質疑我！我是國王！」		
「你就為了這個來找麻煩？我只要手指輕輕一彈，劊子手就可以把你切成碎片。」		
國王說：「你沒有聰慧的腦袋和我辯論，可是，你平實的說出了我無法逃避的事實；你沒有辯才無礙的金舌頭，可是，你真誠的話打動了我；你沒有強大的氣力和我的衛士對戰，可是，你有最勇敢的心。我會答應你的請求。回家吧！」		

(2) 問題解決能力大搜索──他山之石，引以為鑑

◎「他山之石，引以為鑑」學習單

	故事人物錯誤行為重點摘要	正向品格來解救（參考附錄二）	你或朋友曾經發生過這樣的問題嗎？請舉出實例說明
原因＋問題	國王想在山頂的皇宮旁建造一座壯麗的噴泉，但是這樣將導致下游的水源枯竭，大家可能會渴死。	慈悲簡樸……	
解決 1	學者沉醉在自己的偉大思想裡，對村長提到的瑣事，完全不感興趣。		
解決 2	有金舌頭的商人明白村長的要求時，喉嚨卻被恐懼堵住了，不敢去見國王。		
解決 3	勇士中的佼佼者──一個可以扭斷鐵鍊的鐵匠。這個鐵匠性情急躁，急著要去見國王。他發誓一進皇宮，就要擊垮每一道牆，把國王的寶座拆下當柴燒。		

(3) 故事主題探索與實踐──典範人物大集合

　　從你日常生活或讀過的故事中找出典範人物，並且把他們所做的事情摘

錄下來，再從附錄二（頁 197）的「性格詞語列表」中，比對、挑出他們背後隱藏的正向人格特質，填完之後再好好思考，自己可以如何向這些典範人物學習。

◎「典範人物大集合」學習單

典範人物大集合	典範故事我來說——這些人與事	正向品格	我知我行——如何在日常生活中實踐？（任選其中二到三項）
1. 村長	村長注視家人好久，說：「對！沒有別人，只有我自己，我必須親自去見國王。」村長離開了家，獨自爬著陡坡，走在看不到盡頭的山路上。就在離皇宮不遠的地方，村長被衛士逮捕，一路拖著他去見國王。	自信 勇敢 誠實 行動 慈悲	1. 2. 3.
2.			
3.			
4.			
5.			

第三秒 同學們這樣寫

◎正向品格，我願意！

（1）教學引導

　　我們一向對故事中的人物特質很著迷，尤其是正向的品格更是大受歡迎，人人都想擁有這樣的性格，卻往往只流於羨慕而忘了具體實踐。透過這次鮮明的故事主題，就來邀請孩子一起進入正向品格的行列，共同思考並且寫下想要改變的契機、理由及實踐方式，並且透過他人讚賞激勵、支持改變的心態，期待走上這條道路的孩子們，一直都不孤單。

（2）寫作綱要

1. 什麼是「正向品格」？為什麼我們需要這些品格，才能在社會中生存？請舉例

2. 你認為自己最需要的三項品格是什麼？請分別說明

　　2-1 定義：每一項品格根據字面的解釋是什麼意思？

　　2-2 事件：每一項品格各有哪些代表人物？他們做了哪些行為足以代表這項品格的定義？

　　2-3 省思：為什麼你認為自己需要這項品格呢？以上這些行為別人的評價又是如何？

　　2-4 實踐：你要如何在生活中改變自己的行為？這麼做可能會遇到什麼困難？該怎麼克服呢？

3. 如果你能把這三項品格徹底實踐，你預期自己會成為什麼樣的人？假扮一下你的家人、老師或朋友，想想他們會因為你的什麼行為而讚美你，又會說些什麼話？請寫出來！

第一秒　溫老師這樣想

　　融合、回歸教育已經實施了許多年，所以現在每班幾乎都會有身心障礙的小天使成為同學，這是非常貼心且務實的安排，讓所有折翼天使都能在有「愛」無「礙」的環境中，與我們一起長大。

　　換一個角度來說，誰又能說自己完全沒有障礙呢？在這樣的思考前提之下，沒有人是完美無瑕的，所以我們是否更應該認真看待這樣的問題？

　　〈她是我姐姐〉提供了非常多元的衝突與思考，也揭露所有人都無法迴避的現實或情緒狀態，被迫面對此議題時，每個人都有自己的立場，都會有情緒起伏，都有想說的話。老師不妨就將課程導引到這個方向，好好跟學生談折翼天使們的辛酸，也深入思考其家人的無奈或是積極樂觀的態度。當然，我們更要反過來思考，應該用什麼樣的態度面對他們？什麼是能做，什麼又是絕對不要做的？

第二秒＆第三秒　這樣讀這樣寫

A. 她不笨，她是我姐姐！

（1）教學引導

　　　　雖然課文並沒有明確寫出，主角弟弟對於擁有阿美這樣的唐氏症姐姐有任何不自在，或者是否曾經埋怨老天爺為什麼要給他這樣的姐姐，但是主角內心肯定曾經這樣反彈過。人不是神，連大人可能都無法承受這樣的責任，更何況是天真無邪的孩子？這樣的痛點滴在心

頭，一定會成為説不出的為難，請你幫主角弟弟寫出這一路走來，他心裡的煎熬與轉變吧！

建議老師可以給孩子看一些相關影片，例如電影《他不笨，他是我爸爸》就是很好的延伸教材。年齡三十歲，卻只有七歲智商的父親，要如何爭取七歲女兒的監護權？這部關於愛、親子關係與家庭牽絆的故事，可以讓孩子深切體會如何協助與陪伴折翼天使。

（2）寫作綱要

1. 自我介紹，也簡單寫出家庭狀況

2. 這樣的姐姐給家庭帶來的困擾是什麼？爸媽要多付出的精神、體力和金錢又有哪些？

3. 看在眼裡的你，心裡是怎麼想的？會覺得爸媽不公平嗎？當時的反應是什麼？爸媽和姐姐的反應又是怎樣？你喜歡這樣的自己嗎？

4. 跟姐姐外出時，曾經受到哪些不公平的待遇？當時你的想法又是怎樣？姐姐的反應呢？你做出了哪些反擊或者不理智的事情嗎？姐姐看在眼裡又是如何表示的？為什麼？

5. 是什麼事情讓你開始改變對姐姐的看法？這件事是如何發生的？你當下的動作、表情及反應又是如何？

6. 這件事發生之後，你希望永遠不讓別人知道自己有這樣的姐姐，還是很想讓大家認識你的姐姐？為什麼？家人對你的轉變有什麼反應？他們的內心又受到了什麼樣的衝擊呢？

7. 為什麼你想要成為折翼天使的守護志工？你想做哪些事幫助這些折翼天使呢？為什麼？

8. 把你要對阿美姐姐説的悄悄話寫成一封信，感恩及慶幸生命中能有不同的磨練與成長

B. 折翼天使，大家一起來守護！

（1）教學引導

為了要讓折翼天使減少生活中的挫折，降低心靈上的打擊，我們有責任和義務把環境中種種不適合與不夠人性的設計挑出來改進，並且多多宣導關於相處上的友善方式，讓這些天使能平安快樂長大。畫完畫、寫完之後，請同學製作成小書或宣傳單。

老師可以先補充相關資料、書籍或影片讓學生作為參考，例如國外友善空間的設計案例、其他身心障礙者的故事、身障運動會或者社會福利制度的影片。

（2）寫作綱要

1. 友善空間及環境

1-1 校園裡應該增加什麼讓身障同學方便通行的設計？（例如：坡道、廁所、電梯……）為什麼？要注意的事情有哪些？曾經發生過什麼不方便的事情呢？

1-2 校園有哪些死角或不理想的空間設計需要改善？或者提醒身障天使要注意的？

1-3 教室空間的設計或安排上，又有哪些需要特別注意的呢？

2. 友善社會

2-1 心靈：如何避免讓折翼天使們受到心理的刺激？是絕對的同情、可憐？還是積極地提供協助及鼓勵？你遇過這樣的案例嗎？請說說看並寫下來

2-2 身體：和同學玩耍嬉戲時，應該注意哪些動作，才不至於無意中傷害了折翼天使？為什麼？

3. 應有的權益

3-1 我們不應該讓身心障礙者放棄所有的活動，甚至應該鼓勵他們參加運動。所以，你應該如何呼籲大家給他們這樣的機會呢？為什麼？

3-2 身心障礙者也應享有公平的工作權益，所以，請說出這些天使的優點，讓雇主接納他們，並且願意給他們公平的待遇與報酬

4. 社會福利制度

4-1 為什麼我們要重視這些折翼天使？

4-2 已開發國家是如何包容與重視這些折翼天使？請舉例

4-3 臺灣還需要努力與進步的地方在哪裡？為什麼？

八、智救養馬人

 第一秒 溫老師這樣想

　　這篇文章記敘晏子以慈悲的胸懷、機智的應對化解危機，解救養馬人的經過，是一篇典型的機智故事。

　　這篇故事談「機智」，卻跟同單元其他兩課所談的「機智」有不同層次。〈名人記趣〉描述三個名人的機智故事，展現冷靜卓絕的應變與機鋒；另一課〈秋江獨釣〉，則談到乾隆皇帝要紀曉嵐在充滿秋天景致的江畔作詩，並於詩中運用十個「一」字。紀曉嵐聰穎過人又能刻苦勤學，因此博學多聞、反應特佳，也在極短時間內展現過人才氣與智慧。

　　〈智救養馬人〉中的晏子更是不得了，當景公要處死養馬人時，所有大臣面面相覷不知如何是好。晏子運用機智，故意當著景公的面陳述養馬人三大罪狀，不僅先同理景公失去愛馬的痛苦，更能透過反語勸諫景公不要失去人民的愛戴，聰明者如景公，當然理解晏子用意，最後赦免了無辜的養馬人。

　　讓孩子看到機智的多元面向，運用言語機鋒，適時化解尷尬氣氛，展現個人風度，這是〈名人記趣〉中三位名人表現出來的機智；〈秋江獨釣〉中，紀曉嵐表現的是飽讀詩書方能即時展現機智。綜合上述兩者機智的條件，再佐以慈悲的胸懷，晏子將機智的概念完全發揮到經典極致。

 第二秒 故事體這樣讀

（1）形式深究

　　1.這是發生在什麼時代的故事？（背景）

2.故事的主角是誰？其他的角色和他的關係是？（主要人物）

3.主角遇見的困難是什麼？為什麼會碰到這樣的事呢？（原因）

4.主角想要解決的問題是什麼？（問題）

5.主角如何解決問題？請將過程切割成三個部分，每一部分用「是什麼」、「怎麼樣」、「結果」串成一段話（解決）

6.主角有沒有解決他們的問題呢？結果如何？（結果）

7.對於這個事件的結果，後人有什麼傳說或看法？（回響）

8.請將找出的答案，整理成故事結構表

◎〈智救養馬人〉故事結構表

結構		文章內容
背景		時　　代：春秋時代 主要人物：晏子 次要人物：齊景公、養馬人、朝廷大臣
原因		齊景公的最愛的一匹馬突然病死了
問題		齊景公想要處死養馬人，大臣不知如何勸諫齊景公「不要因馬而殺人」
晏子的解決過程		解決方法說明
	安撫齊景公	晏子以「要說明養馬人所犯的三條大罪，使他死得明明白白」，來說服景公不要當場處死養馬人
	用「反語」勸諫	晏子說明養馬人的三條死罪（先同理再以句意裡的「反語」想點醒齊景公） 第一條死罪：養馬工作沒做好，使主公失去愛馬 第二條死罪：主公因馬而殺人，百姓們會認為主公只愛馬而不愛人，失去全國百姓的信任 第三條死罪：別國國君聽到，認為主公不行仁政
	實際行動勸諫	晏子拿著刀作勢要殺養馬人

結果	齊景公了解了自己的錯誤，並放棄殺養馬人的念頭
回響	1. 齊景公接納晏子的諫言，作一位好國君，為人民造了很多福祉 2. 晏子在歷史上留下許多充滿智慧、令人難忘的故事

（2）內容深究

1. 智勇雙全小矮人——我是晏子

　　1-1 根據文章的描述，請推論晏子的個性

　　1-2 從這篇故事以及其他晏子故事中，推論描述晏子與景公之間的君臣關係，並說明判斷來自哪些資料

　　1-3 從晏子的作為中，能否歸納出「機智」需要哪些條件？這些條件困難的地方在哪裡？

2. 天涯淪落客——我是養馬人

　　2-1 你覺得養馬人可能是一個怎麼樣的人？如果要你塑造這個養馬人的角色，你會如何塑造呢？（從生理、心理、社會三個角度思考）

　　2-2 請推論養馬人每一段情節變化時心裡的感受，並用具體的情緒形容詞描繪，亦可融入表演

 **第三秒　同學們這樣寫**

（1）教學引導

　　養馬人是引發這篇文章的關鍵人物，這麼重要的人卻未發聲，因此，想要透過這號人物培養學生對弱勢族群關懷的同理心，也從最關鍵角色的角度來看晏子的機智、勇敢與慈悲。

　　順著故事劇情，再以養馬人為第一人稱的手法來寫，加上前述的閱

讀討論教學與戲劇演出，寫作不僅有趣而且變得簡單。

（2）寫作綱要

1. 背景陳述：自我介紹、幫景公養馬的原因、平時工作情形

2. 為什麼馬會死掉呢？知道這個事實時，當下的動作、表情及震撼反應如何？還想到哪些事？（會被處死？家人怎麼辦？人生如此莫名奇妙結束，甘心嗎？）

3. 被抓進宮殿時的恐懼？（人生會不會太悲哀了？第一次進宮殿卻也是人生的末日）

4. 景公在宮殿暴怒的動作表情及說話？其他大臣的反應及表現又是如何？（細節寫得越細越好）

5. 當晏子向景公說：「讓我來告訴他為什麼得死！」自己當時心裡又是怎麼想的呢？為什麼？

6. 在這之前，知道晏子的為人嗎？知道晏子是站在哪一邊嗎？

7. 當晏子拿著刀子抵住脖子時，當時自己的動作、表情及反應為何？

8. 後來化險為夷，死裡逃生，覺得意外嗎？這件事讓自己對人生有什麼體悟？為什麼？

9. 自己最想感謝的是誰？想對他說哪些話？

九、孫悟空三借芭蕉扇

 第一秒 溫老師這樣想

　　大陸作家王安憶的《小說家的十三堂課》曾提到：「小說不是現實，它是個人的心靈世界，這個世界有著另一種規律、原則、起源和歸宿……小說的價值是開拓一個人類的神界。」另外又提及：「好小說就是好神話。」用這幾句話來形容中國偉大的古典小說《西遊記》最是確切精準。

　　只要是中國人沒有人不知道這部小說，也鮮少有人不愛，作者吳承恩到底施了什麼魔法，竟有通天本領滿足各種年齡層的讀者？有人當作學術鉅著孜孜不倦地研讀、評析、解構，當然也有純粹想得到閱讀樂趣的大小讀者，認同或沉迷在多變華麗的情節和人物性格中，由此可證，《西遊記》既是了不起且經得起考驗的古典小說，也是未經文學學術洗禮前，莘莘學子手上的魔幻童話，這種文學作品豈可不細細品味咀嚼？

　　作為教學者，帶領學生閱讀之餘，如能從中讓他們習得一些寫作技巧，當然是語文教學的最高境界。因此，正好以〈孫悟空三借芭蕉扇〉當作探索的材料，要相信高年級孩子絕對有能力「解構」西遊記，拆解它之所以迷人的文學祕密。

　　為了更快速聚焦探索，溫老師提出幾項可以切入的重點：

　　1.人物能力與性格的認識

　　2.人物之間的性格衝突

　　3.各種武器（寶物）的比較

　　4.情節鋪陳如何成為張力？

5. 時空與地理環境的描摹

6. 主題的彰顯

　　這六項要素當然無法解釋《西遊記》的成就，但是教學重在練習的過程，以及教師所提點的經驗能否移植到學生身上，所以接下來的閱讀與寫作教學設計將把以上要素，在這篇課文中練習驗證與透析。

　　除了小說要素的強化及練習，溫老師也很想讓高年級的學生理解心理學。《西遊記》中有最具代表性的人際互動磨合，還有無數鬥智與心理戰的場景，最適合讓學生學習「談判」技巧，讓文學也成為心理課程，這又是一條令人著迷的神祕幽徑。

第二秒 故事體這樣讀

（1）內容深究

　　1. 紅孩兒為什麼要抓走唐僧？

　　2. 孫悟空為什麼要借芭蕉扇呢？

　　3. 鐵扇公主不願意借芭蕉扇給孫悟空的原因是什麼？試著說出兩個理由

　　4. 孫悟空明知鐵扇公主不會借扇子給他，為什麼還要硬著頭皮去呢？

　　5. 你覺得孫悟空是一個怎樣的人？請從文章裡他做過的事或說過的話中，找出兩個例子來支持你的看法

　　6. 作者安排了哪些事情或哪些話，讓人覺得火焰山是真的很難通過？

　　7. 鐵扇公主最後將芭蕉扇借給孫悟空，卻是一把假的扇子。你覺得這個安排合理嗎？為什麼？

　　8. 故事中，孫悟空用了一些手段取得芭蕉扇，你贊成他這麼做嗎？為什麼？如果你是他，你會怎麼做？

（2）情節整理：孫悟空的借扇過程

◎「孫悟空的借扇過程」情節整理

	過程	鐵扇公主	孫悟空	圖像
孫悟空三借芭蕉扇	第一回合	1. 鐵扇公主拿了兩口寶劍衝出來，乒乒乓乓朝悟空頭上砍下 2. 鐵扇公主料自己鬥不過他，便取出芭蕉扇把悟空搧得無影無蹤	1. 悟空毫髮無傷 2. 飛滾落在三千里外小須彌山	
	第二回合	1. 鐵扇公主拿扇子縱身出洞，搧了一扇 2. 又搧了兩扇 3. 公主慌了，立即躲回洞裡	1. 悟空竟然不動 2. 悟空仍然不動 3. 變做一隻小蟲，隱身茶沫之下。公主喝下，孫悟空在其腹中，公主疼痛難耐，坐地叫苦	
	第三回合	1. 鐵扇公主痛得在地上打滾，大叫饒命，允諾交出芭蕉扇	1. 悟空便自公主口中飛出，歡歡喜喜拿了扇子去見師父 2. 來到火焰山舉扇一搧，火光熊熊；再一搧，更是烘烘騰起百倍；又一搧，那火足有千丈之高 3. 一行人慌忙逃離，往東飛奔二十餘里才歇息 4. 悟空怒道：「可惡！被騙了！」	

（3）性格分析

請選出你認為文章中人物有出現的性格，並且參考範例，把那一段文字寫出來。沒有標準答案，只要能說出理由說服別人即可。

◎〈孫悟空三借芭蕉扇〉人物性格大搜索

結構	人物性格	課文故事事實舉例	人物性格列表
背景	1. 順從 勇敢	悟空暗想：鐵扇公主恨我入骨，如今怎會借扇給我？但師命難違，只有硬著頭皮直闖芭蕉洞	武斷　自負　粗魯　被動 體貼　主見　自信　害羞 順從　膽大　堅持　審慎 主動　好動　冷酷　吹毛求疵
	2.		
	3.		
鐵扇公主	1.		伶俐　冷靜　友善　勇敢 依賴　固執　浮躁　保守 熱情　穩重　膽小　剛強 慈悲　獨立　率真　隨便
	2.		
	3.		
牛魔王	1.		
	2.		
	3.		
唐三藏	1.		
	2.		
	3.		

（4）法寶分析

◎〈孫悟空三借芭蕉扇〉人物法寶分析

人物	法寶／法術名稱	法力說明 戰鬥力分析	法寶圖像
孫悟空			
鐵扇公主			
牛魔王			
豬八戒			
紅孩兒			

第三秒 同學們這樣寫

A. 從〈孫悟空三借芭蕉扇〉看《西遊記》的寫作功力

（1）教學引導

　　要把故事寫好，閱讀與持續不斷地寫都是關鍵，然而，真要能寫

好，閱讀時仔細分析優質作品就變得重要了。

（2）寫作綱要

　　請仔細解讀分析〈孫悟空三借芭蕉扇〉，當然，若是讀完整本《西遊記》再來分析更好。

1. 為什麼《西遊記》這麼有名氣？回憶剛看完故事時，給你的直覺是什麼？為什麼這麼説？

2. 分析《西遊記》的人物特性，全部都是好的嗎？請舉孫悟空或其他幾個例子説明

3. 《西遊記》的人物各有特色，正邪俱備的小説為什麼令人著迷？請從故事中舉實際的案例説明

4. 《西遊記》是魔幻小説，每個人物都有法寶或武器，這些魔幻物件或法術對故事有何加分作用？請從趣味性及心理學來分析

5. 特殊事件或地理環境，例如「火焰山」的描述，會讓你想到什麼？感覺如何？請加上想像力畫出來

6. 事件衝突的戲劇張力對情節安排來説重要嗎？為什麼？請以〈孫悟空三借芭蕉扇〉為例，説明為何要「三借」？

7. 總評：好小説的特色與關鍵為何？

B. 千年後，孫悟空對「三借芭蕉扇」的另一種解決方式

（1）教學引導

　　《西遊記》傳頌千年，所有人都為之著迷。如果不懂時空政治背景，你看故事的角度自然不同，尤其對於孫悟空這個角色，可能還會有所批評。例如：他為什麼這麼莽撞？他為什麼都自以為是？他為什麼都不能體諒別人的感受？

　　假設千年後，孫悟空經過心理學課程洗禮，你覺得他會如何看待「三借芭蕉扇」？會不會更有同理心，想想一個媽媽（鐵扇公主）看到兒子被修理得如此悽慘，怎可能再借出扇子？然後再與師父唐三藏

共商雙贏大計？除了「魔幻」手法，還有更高層次的「談判」技巧，這是心理學的範疇，也是人生真正的狀況，沒有魔力，只能靠說理與妥協。試試看，誰說不能從故事中體會「人生」呢？

（2）寫作綱要

1. 假設千年後，孫悟空遇見「心理分析」大師，上了心理學，印象最深刻的就是「同理心」

2. 同理心是什麼？孫悟空要如何用這個想法，回頭檢視當初自己對鐵扇公主和牛魔王的方式？他的懺悔或改變又如何？「道歉」會是把雙方再請回談判桌的好方法嗎？為什麼？

3. 如果時光可以倒流，請孫悟空寫一封信給牛魔王的家人，他會怎麼寫呢？信件內容可以包含：

   3-1 問候

   3-2 說明寫信的原因

   3-3 孫悟空自己的頓悟

4. 如果可以重新再來一次，孫悟空會如何處理「借芭蕉扇」這件事？（原則是不要傷和氣，不要動干戈，可以動員所有力量或關係，就是不能傷及無辜，創造三贏局面──孫悟空、鐵扇公主、當地百姓）

   4-1 找跟牛魔王家可以對得上話的人

   4-2 請求鐵扇公主和牛魔王的體諒與慈悲（例如：讓他們看見百姓的痛苦，激起當父母的慈悲心）

   4-3 請求菩薩的協助

   4-4 與他們條件交換

十、
過故人莊

 第一秒 溫老師這樣想

　　孟浩然〈過故人莊〉這首詩無人不知，家喻戶曉，只是對於網路世代的孩子而言，恐怕不是理解字面上的意思就算完整學習。歷經千年淘洗，生活經驗早已天差地別，加上年齡的差距，要能真正走入詩人那一天的見聞及心境，還是需要不少教學鷹架的搭建工程。

　　首先，溫老師想從幾個角度來談這首詩。從詩作內容來看，友誼、旅行、家宴、自然生態四個主題都是重點，確定重點之後，讀詩時可以從這些概念去發想，讓學生自然貼近與創意想像，過程中就能一步步拉近和大詩人孟浩然之間的距離，也更能體會他當時的生活、心情、大自然風光與其獨有的生命風格。

　　想法有了，如何設計教學活動？怎麼執行？

　　知名漫畫家蔡志忠先生用漫畫詮釋中國經典文學，開了風氣亦引領風潮，再加上網路世界對視覺藝術的推波助瀾，已經沒有人質疑漫畫是「不學無術」的玩意兒，所以，順著這股潮流，教學時也可以好好運用，一來增加思考的多元方式，二來在一筆一畫中也在詮釋文本的意義。

　　這樣將閱讀及寫作融合為一的古典詩詞教學，不僅可以讓所有孩子樂於接近，更重要的是文字可多可少，圖像也可以是主體或是輔助，這麼一來，認知方面，對古詩的理解與賞析達標；情意方面，文章主旨以及讀者的閱讀樂趣兼具；技能方面，利用寫作、繪畫的技巧理解了古詩，三大教學目標一次到位。

第二秒&第三秒 這樣讀這樣寫

（1）教學引導

如果把原來的一句古詩畫成四張圖畫，你會如何詮釋？想想，要讓讀者從畫中就能知道詩的內容與意思，需要注意哪些事情？到底要如何呈現才能清楚、明白？

（2）寫作綱要

◎〈過故人莊〉漫畫書（文字＋圖像）

1. 故人具雞黍，邀我至田家：老朋友準備了豐盛的佳餚，邀請我到他家作客

   1-1 為什麼老朋友想邀請孟浩然到家中作客？他會不會先寫邀請函？內容該怎麼寫？（可用詩句來寫）

   1-2 孟浩然收到後會有什麼反應？又會如何通知老友？會說什麼？（想想大詩人應該會寫出什麼樣的詩句回應呢？）

   1-3 老朋友會準備哪些佳餚、美饌？如何呈現在畫中呢？為什麼要安排這些菜色？主人心裡會怎麼想？這位老友對孟浩然的了解又多少呢？

   1-4 當天孟浩然該怎麼到達朋友家呢？以孟浩然清貧的狀況，你覺得他應該搭乘什樣的交通工具？是早早就起身前往？還是朋友派人貼心前往迎接？（老師可以先說孟浩然的故事）

2. 綠樹村邊合，青山郭外斜：村子四周圍繞著濃密的綠樹，城外橫斜著蒼翠的山嶺

   2-1 朋友家到底在哪裡？跟孟浩然居住之處距離多遠呢？他乘坐的交通工具又是什麼？他該如何規畫行程，才能準時抵達？

   2-2 行程中會有哪些景點？每一景點有何特殊或動人之處？孟浩然會做哪些事情？文學家到景點會跟一般人有何不同的欣賞方式？他會如何表現這些景點的特殊之處？

   2-3 過程中會不會迷路？為什麼？孟浩然該如何克服迷路的問題？

這些人都認識他的朋友嗎？為什麼？住在山間的人們又有哪些特質特別讓人喜歡？他們會如何招待或指引孟浩然往朋友家去呢？

2-4 到了朋友家前面，為眼前濃密的綠樹、蒼翠的山嶺所著迷，他會不由自主說了哪些話呢？為什麼孟浩然喜歡這些景觀，是因為勾起鄉愁？還是喜好大自然的原始風貌？

3. 開筵面場圃，把酒話桑麻：主人擺好酒菜，殷勤相待，面對窗外的晒穀場和菜園，我們舉杯對飲，談著田間作物生長的情形

3-1 孟浩然終於到了朋友家，他們會做哪些動作？又會說哪些寒暄的話？還有哪些家人在身旁？他們會做哪些反應？

3-2 一旁的桌上擺了哪些食物？這些食物產自哪裡？用哪些生態工法栽種的？朋友會如何介紹這些食材的由來？

3-3 是誰烹煮了這些美味的食物？吃著美食，離家已久的孟浩然會如何感動又感慨？好友又會如何安慰？

3-4 用餐時，除了聊聊食物之外，還會談哪些事情？聊到暢快處，孟浩然這位大詩人如果即興做詩，會寫下怎樣的詩句呢？

4. 待到重陽日，還來就菊花：彼此相約等到重陽節那天，還要聚在一起欣賞菊花

4-1 吃完飯朋友泡了茶，這些茶葉有什麼特別？孟浩然會如何品茶呢？

4-2 為了讓孟浩然更明白生態工法的農作物種植方式，朋友會如何領著孟浩然到田裡去觀察解說？

4-3 孟浩然對這次的訪友行程有何想法與收穫？他會怎麼謝謝這位朋友？對彼此而言，什麼是真正的好朋友呢？

4-4 朋友會在什麼時候再度邀請孟浩然作客呢？孟浩然又會怎麼回應？相互道別時會如何祝福彼此？

記敘文

一、卑南族男孩的年祭

第一秒　溫老師這樣想

　　這篇文章有兩個重點可以延伸討論。一是文章形式，這是一篇記敘文，但是「包藏禍心」、「醉翁之意不在酒」，例如，記敘文中「人物」常常是很重要的，但是這裡強調的是「年祭」這個活動，至於卑南族男孩是誰，或者是其個性、生平背景，變成其次或者說一點都不重要。因此，在教學時要特別將「年祭」進行的形式及彰顯的功能，特別標示並且整理出來，讓學生很快地學會抓重點、作筆記。

　　二是文章內涵，也就是「卑南族年祭」，或者說「對卑南族的認識」。文章的學習目標除了情意、技能之外，知識的傳達也是不容忽視的，透過這個議題，老師們可以帶領學生認識生活在這塊土地的族群，他們特殊的文化祭典、地理環境、生活習慣，還有特殊的名人軼事……。為了深化理解，提供補充資料例如：影片、圖像、繪本故事等，就顯得重要且必要。

第二秒　記敘文這樣讀

（1）從記敘文到說明文

　　1. 從文章標題「卑南族男孩的年祭」來看，重點是「卑南族男孩」，還是「年祭」？你的理由是什麼？

　　2. 根據上題，請再舉例說明其他題目的重點（例如：我的鉛筆盒、我的媽媽……）

　　3. 如果「年祭」才是重點，作者應該要寫些什麼才符合標題？（老師可

以先讓學生看相關影片）

4. 一個祭典應該強調什麼？為什麼？（例如過年時我們會做哪些事？目
的是什麼？）

5. 請從課文中找到年祭的重點，並且用紅筆標示出 1、2、3……由老師
帶著學生一起討論

6. 認真看看畫過重點的課文，你發現了什麼呢？有哪些東西被你刪掉
了？（例如：人物、感受、語助詞……）

（2）從眉批到表格

1. 如果要整理成表格應該怎麼畫？為什麼？（參考學習單引導學生）

2. 請把課文重點整理到表格中

3. 說說看，把重點放到表格中之後，你發現了什麼？

4. 請利用表格所摘錄的重點，加上關聯詞之後，串成這課的重點說明

◎〈卑南族男孩的年祭〉重點整理學習單

步驟	祭典的方式	活動的功能
1. 打扮	把臉塗得黑黑的	趕跑邪惡的東西
2. 道具準備	拿芭蕉葉，再到大樹下	等候活動的開始
3. 祭典動作 -1	聽口令	一起跑進族人的家裡，趴在地上，一聲接著一聲，喊著：「ㄍㄚ ㄅㄚ ㄅㄞ ㄊㄚ！」
4. 祭典動作 -2	用力的喊著，還不停的拍打芭蕉葉	1. 大喊聲可以趕走惡運 2. 掉在地上的芭蕉葉能帶來好運
5. 儀式結束	請他們吃點心	為了答謝男孩們

第三秒 同學們這樣寫

A. 卑南族「ㄒ ㄉ ㄒ ㄞ」活動海報設計

（1）教學引導

　　文學的表現除了美感之外，多元且趣味兼具是必要的，尤其低年級學生尚未正式接觸寫作，傳統的表格寫作，不僅容易侷限其想像力，還會造成寫作啟蒙的恐懼。多點包容，添點想像，開放式的寫作尤其不能少了圖像的催化與點綴，文字敏感度不高的孩子，常常因此得到成就與滿足，慢慢喜歡上寫作。

　　記得，沒有成敗優劣之說，也不該有完美不足之慨，創作期間，老師要用鼓勵、讚美代替責備和不滿，這樣一來學生絕對能享受創意帶來的滿足與成就。

（2）寫作綱要

1. 祭典主題說明：什麼是「ㄒ ㄉ ㄒ ㄞ」？由來？特色？

2. 祭典時間

3. 地點（老師可提供卑南族群聚地點圖作為參考）

4. 海報圖像設計（可以參考課本，若能根據課文自己想像發揮更好）

5. slogan 標語設計

　　5-1 想要用什麼樣簡潔又深刻的口號，來表示這個活動呢？

　　5-2 這個標語能表示這個活動的精神嗎？

B. 卑南族的傳說與祭典小書

（1）教學引導

1. 小書製作

2. 傳說、祭典總整理

（2）寫作綱要（小書頁次）

　　進行之前，請老師尋找相關資料，例如文章、影片、圖片、地圖……作為補充，讓同學們參考。

1.封面、封底製作

2.卑南族的起源傳說

3.地理位置圖的標示與解說

4.卑南族的服裝特色

5.「卑南族的彩霞傳說」：寫出重點，並且畫圖

6.「卑南大溪」的由來：寫出重點，並且畫圖

7.「卑南族男孩的年祭」：寫出重點，並且畫圖（參考課文）

二、

歡迎來我家

 第一秒 溫老師這樣想

　　這是一篇記敘文，而且是讓人讀了心情會很愉快的文章。題目賣了關子，先不說這個「我」是指誰？但也因為這個關鍵字——我，讓這篇文章的討論與想像空間無限寬廣，因為這個「我」可以指任何動物，甚至是人、昆蟲、植物……。接著再隨不同主角的屬性，讓「家」展現各種不同的風貌，所以這是一篇非常具有想像力與延伸創意的文章。

　　除上述教學亮點外，當然也可依原文主角——青蛙，讓牠繼續發揮好客、喜歡邀請朋友的特點，介紹雨天時牠的家會有什麼不同風貌？又有誰會在雨天拜訪牠？

　　兩個教學亮點，不僅點出慷慨、熱情的交朋友方式，還能邀請孩子製作繪本小書，讓孩子又寫又畫，各個都成為繪本小高手。

第二秒 記敘文這樣讀

（１）題目預測（開學時可以先把這課釘起來，別讓學生看到課文）

　　1.這個「我」是指誰？為什麼你會這麼想？

　　2.如果是青蛙的家，那麼先不看課文，你會想到哪些相關的東西？（老師可用心智圖整理學生的發表內容）

（２）內容深究

　　1.接下來請從課文中找一找文字和圖片，青蛙的家跟黑板列出來的項目中，有哪裡不一樣的呢？

2. 找出來之後，再一起看看，課文到底說了什麼呢？又是怎麼說的？

3. 將課文整理成表格，分類、歸納，把課文和你自己想像的青蛙的家的資料，整理在學習單上

（3）延伸討論（創意寫作提綱）

1. 這是一隻什麼樣個性的青蛙？你從哪裡看出來的？請寫出證據。例如：主動、慷慨、熱情，因為牠一直邀請別人「歡迎來我家」（參考頁 197 附錄二「性格語詞列表」引導學生推論，列出的性格越多越好）

2. 還有哪些朋友會來，他們又會有哪些個性？從哪些行為、動作或事件表現出來呢？

3. 青蛙針對不同個性的朋友會有哪些不同的招待方式嗎？又會帶他們參觀什麼地方呢？

4. 朋友來了，青蛙會表演什麼給大家欣賞嗎？其他動物朋友又會表演什麼拿手絕活呢？看了這些的表演，大家又會說什麼？

5. 看完表演如果要聚餐或舉辦 Party，每個動物會吃什麼慶祝呢？大家又會如何介紹自己的餐點呢？

6. 下雨了，大家都正好想回家，青蛙會說哪些話謝謝這些朋友呢？朋友又會怎麼回應呢？

 **第三秒 同學們這樣寫**

A. 小書、繪本製作

（1）教學引導

1. 小書或繪本製作。也可以用一張四開圖畫紙畫圖，文字寫在稿紙上

2. 從理解課文到「擴寫」課文，補充細節也讓孩子想像力無限馳騁

（2）寫作綱要：參考前面的延伸討論（創意寫作提綱）

B. 文章接寫：動物們到青蛙家玩的一天

（1）教學引導

課文第四段寫到：「ㄒㄧㄌㄚㄒㄧㄌㄚ下雨了，我先在花傘下躲雨，等雨停了，再跳回舒服又美麗的家。」讓孩子從這一段開始「接寫」，又是寫作的另一亮點。

（2）寫作綱要

　　1.下雨時，青蛙除了可以躲雨，還可以做什麼呢？跟誰玩？玩什麼？

　　2.下雨的時候，池塘附近的景色會有什麼不一樣呢？

　　3.雨停了，池塘附近的景色又會有什麼不同呢？

　　4.雨停了，青蛙又會跟誰玩呢？玩什麼？

　　5.這一天，青蛙經歷了下雨和雨停，心情有什麼不同？會想說些什麼話呢？

◎〈歡迎來我家〉課文學習單

親愛的小朋友，請用文字加上想像力，把空白的地方給填滿：

1.青蛙的家旁邊，還會有哪些動植物呢？

2.牠會邀請哪些朋友？又會跟牠們玩什麼遊戲呢？

內容 有什麼	課文內容＋ 自己想像	文學修飾 和朋友做的事情、玩的遊戲
陸地上植物	大樹、草地	
水上的植物	荷葉	拍拍葉片上圓滾滾的水珠，自由自在地玩遊戲
陸地上朋友	螞蟻	就像是一條會走動的線條，在綠色大地上畫出美麗的圖形
水中的朋友		
地上的物品	石頭	跳上青青的石頭，「ㄍㄨㄍㄨㄍㄨ」的唱著歌
其他	小池塘	

（3）學生作品（南大附小周倫婧。原文有注音符號，本文為節錄）

　　烏雲密布，青蛙阿甘感到非常害怕，心想：「一定是快下雨了，先躲到家裡吧！」阿甘邊想邊跳回家，阿甘走向電視拿起遙控器，電視開起來了，主播説：「今天會有暴風雨。」

　　「轟隆轟隆」雷電交加，烏雲越來越多，阿甘看到快哭了，因為有許多動物家庭因此支離破碎，阿甘心想：「沒有打雷，沒有閃電，這不就是我最愛的水？」阿甘頓時往外衝。「霹靂啪啦」雨無情地往阿甘身上打，阿甘往池裡衝，雖然怕水的朋友都走了，但可以自己跟自己玩呀！但是池塘的水竟然滿出來了，青蛙趕緊找土撥鼠爺爺來把洞挖深一點，土撥鼠爺爺拒絕了，青蛙沒辦法只好自己挖，挖著挖著，池塘竟然變成泥巴浴！

　　「嘩啦嘩啦！」阿甘心想：「怕水的朋友不能玩，那就邀請不怕水的朋友來。」於是阿甘拿起電話説：「請你跟我玩，地點：池塘。」於是，全部好友都跑來了，蝌蚪提議：「不如我們來玩下雨的遊戲，規則：用剪刀石頭布來決定誰是鬼，鬼要去抓人，躲進池塘裡就不會被抓，池塘可以躲二十秒。」阿甘説：「好啊！剪刀石頭布。」結果水螳螂當鬼，阿甘説：「快跑啊！蝌蚪！」蝌蚪説：「我現在游很慢。」阿甘説：「你們游到我背上！」「哇！」的一聲，一隻小蝌蚪被抓到，但其他蝌蚪已經到青蛙的背上了。贏家！青蛙阿甘。

　　烏雲慢慢散開，太陽露出頭來，一滴雨都沒有，阿甘心想，莫非是雨停了，於是阿甘連忙請好友回家，阿甘想獨自過下午的時光，阿甘看見樹葉比下雨前漂亮了許多，螞蟻紛紛跑出來工作，松鼠繼續採果實。「唉唷！」一隻松鼠不小心跌下來，頭上腫一個包，阿甘趕緊將松鼠帶回他家，松鼠腳骨折，一個多月不能走路，幸好有阿甘照顧松鼠，才好得很快。

　　青蛙阿甘覺得這一天真是美好，阿甘心想：「要是明天又下雨，我還要做跟今天一樣的事，當然，松鼠不能再受傷呀！」

三、
我的家人

 第一秒 **溫老師這樣想**

　　「家人」是個非常傳統卻又不得不談的主題，加上可以出現在任何年紀與階段，所以，該如何突破既有的思維，讓孩子可以不厭煩，的確考驗老師的創意與能力。

　　首先，若還是要以讀者經驗來延伸，高雄市新光國小李郁璇老師提供了很有創意的教學方向，那就是把「畫圖」當作一件事來思考。這是非常有趣且跳脫框架的教學思考，一舉打開視野不說，還能讓畫家的插畫被看見。至於該怎麼解構課本提供的圖像，可以參考後面「我是小畫家」學習單。

　　除了從內容著手規畫教學，形式上的轉換也是可以考慮的，所以，把「我的家人」變成「我的朋友」來討論並延伸寫作，也可以省思單薄的課文，到底缺了什麼？日後若有機會擴寫，可再增添哪些細節？

　　當然，不要就此打住，請老師多補充或為孩子朗讀與家人相關的書籍，這才是最溫柔、最具人性關懷的語文教學。之後，可以問孩子幾個問題：

　　1.家人的意義是什麼？為什麼要有家人？

　　2.每個家人的重要性在哪裡？請舉出兩個理由來證明

　　3.家人的煩惱有哪些？你現在該如何協助並減輕他們的困擾呢？

　　4.長大以後，你最想為家人做的事情是什麼？當你為他們做這些事情之後，你覺得你的每個家人會對你說哪些話？為什麼？

第二秒&第三秒 這樣讀這樣寫

A. 我是小畫家

（1）教學引導

　　親愛的老師，你有不知道如何指導孩子畫畫的困擾嗎？你擔心過度的繪畫技巧指導，扼殺孩子的創意嗎？你是否常常為了孩子物體畫得過小而煩惱？該怎麼正確指導繪畫又不踰矩，的確讓人頭痛。這一次，我們就徹底來運用課本鮮明又簡潔亮眼的插圖，做一次語文與圖像的雙效合一教學。

（2）寫作綱要

1. 請老師先引導孩子慢慢完成「我是小畫家」學習單，每一項目都可以透過全班討論，或者利用附錄（頁 196）的語詞列表引發孩子思考。最後再發下四開圖畫紙，折成四格讓孩子畫自選的四位家人

2. 畫完之後用寫作的方式來介紹家人

　　2-1 你畫了哪些家人？為什麼要選這幾位呢？

　　2-2 請簡單介紹每一位家人的外表、特徵、個性、專長還有工作、職業

　　2-3 經過老師引導先分析課本插圖之後，你覺得你這次畫的圖跟以前有什麼不一樣？請一一舉出，並且說明理由

　　2-4 老師請你去觀察課本插圖的畫畫手法，這種教畫圖的方式你喜歡嗎？為什麼？

　　2-5 以後你畫圖的時候，你會注意哪些事情？為什麼？

　　2-6 你會建議初學畫畫的人應該注意哪些事情？為什麼？

◎「我是小畫家」學習單

圖像分析與提問		我的評論與建議				我的圖像計畫			
		課文畫的人物				我想畫的家人			
		爺爺奶奶	媽媽 1	爸爸	媽媽 2	1.	2.	3.	4.
主角的個性 （參考附錄二）	從哪裡看出來的？有哪幾項呢？								
主角專長興趣	這樣的事情應如何表現在圖畫上？								
工作配備	每種職業應該有哪些配備才會生動吸引別人？								
工作環境	每種職業應該在哪種環境比較有說服力？								
當時的穿著	工作時穿什麼是最適當而且能夠有說服力？								
衣服的顏色	什麼是有美感又很專業的顏色？								

臉部情緒表現 《參考附錄一》	工作時有哪些情緒會反映在臉上？怎麼表現？							
身體動作表現	工作時有哪些情緒會反映在身體？怎麼表現？							

B. 好朋友出列──我的「麻吉」

（1）教學引導

　　孩子在每個階段都有親密的好朋友，這些好朋友陪伴他度過無數歡喜或憂傷的時光，選擇這個議題是為了讓孩子學習「寫人」。到底介紹一個人應該用哪些角度？必須注意哪些重點？課文寫得較為簡略，所以我們只能靠自己來補充。

　　如果孩子一時想不出這麼多細節，老師絕對不要責怪孩子，那是我們的細節鷹架搭得不夠，只要趕緊補充朋友主題的相關繪本，然後用「麻吉」學習單的概念來檢視故事內容，孩子一定就能理解我們要他做的事情。

（2）寫作綱要（見下頁學習單）

◎好朋友出列──我的「麻吉」學習單

原因＋背景	1.為什麼要介紹你的好朋友呢？ 2.好朋友就像是什麼？為什麼你會這麼比喻呢？				
我 的 好 朋 友 ： 分 類 及 說 明	朋友名字 （綽號）	外型長相 特徵 穿衣風格 喜好	正向性格 舉例說明 （好的個性）	興趣、專長 最厲害的地 方	你們在一起 時最常做的 事情
	1.				
	2.				
	3.				
	4.				
總 結 心 得	1.每一個朋友都是重要的，你從他們身上學習到哪些事情？成長與 　收穫是？為什麼？ 2.你想對每個好朋友說哪些謝謝和祝福的話？				

四、不說話的萬事通

　　這篇課文正好讓孩子，為閱讀做一次檢驗與統整。怎麼說呢？因為從一年級入學幾乎無法獨立閱讀，一直到能夠享受書籍的樂趣，其中滋味只有這些寶貝能夠深深體會啊！所以，何不藉此機會來個與書本的親密且深度之旅呢？

　　從形式上出發的重點應該放在書籍的分類及認識，正好讓孩子比較體驗，一年級由老師領著，傻呼呼地進圖書館東張西望，搞不清楚東南西北；今天竟是以圖書調查員的身分入館，仔細觀察記錄書架上有哪些書籍，這兩者之間是否意謂著自己真的長大了？

　　另外，對書籍已經有了粗淺的辨識之後，接著就讓孩子自己遁入書中，與書中人物來一次奇遇記，這樣的「梗」常常可見，孩子非常好發揮，也順勢讓他們回顧最喜愛的一本書的精采情節。

第二秒 & 第三秒 這樣讀這樣寫

A. 我的圖書館之旅——書籍分類我最行

　　這裡的圖書分類並沒有規準，老師跟學生協調好就可以，要分幾類由班上自行決定，重點是後續的理由及說明。

◎「我的圖書館之旅——書籍分類我最行」學習單

原因 + 背景	1. 為什麼老師要帶你們到圖書館參觀並做調查呢？ 2. 需要注意哪些事情？每個人分配到的工作又是什麼？			
我是小小調查員：圖書分類及說明		這些書主要在說什麼？（重點）	提供我們什麼樣的學習？（功能）	什麼人喜歡這種書籍？為什麼？（對象）	你印象最深刻的是哪一本？（書名）
	字典				
	百科全書				
	自然科學				
	故事				
	生活常識				
	藝術				
	體育運動				
總結心得	1. 這樣的課程中，你的學習與收穫是？為什麼？ 2. 如果你是圖書館員，你知道要怎麼介紹書籍了嗎？為什麼？ 3. 如果有機會寫一本書，你最想出版的是哪一種書籍？內容是什麼？你希望別人從這本書學到什麼？ 4. 這樣的國語課你喜歡嗎？為什麼？跟〈不說話的萬事通〉課文之間的連結與關係又是什麼？			

B. **我與○○奇遇記**（○○為書名或書中主角的名字）

（1）教學引導

　　請孩子找到一本自己最愛的書，讓他「掉」進書中，當他成為書中的一員，就能隨著劇情或內容發展自己編的故事。

（2）寫作綱要

1. 為什麼你會進到書裡？是在做什麼事的時候？（例如：看書看到睡著了……）

2. 剛進到書裡面會有什麼感覺？是什麼樣的環境？有什麼東西？

3. 書中的主角叫什麼名字？遇見時他會跟你說什麼？為什麼？

4. 主角在書中遇到什麼困難？他的情緒反應又是如何？他用了哪些方法？為什麼失敗？（參考頁 196 附錄一「情緒詞語列表」）

5. 你會如何幫助主角脫離難關？要怎麼跟主角溝通？他會說什麼？

6. 用你的方法有成功度過難關嗎？為什麼？你還認識了哪些人物？他們有沒有問你不同世界的事情？你們還做了哪些有趣的事情？

7. 最後，你如何回到真實的世界？你對這次的奇遇記有什麼想法呢？

（3）學生作品（高雄市新光國小江僑真，感謝李郁璇老師提供）

　　有一天我在圖書館想借一本秦始皇的書，這時候發生奧妙的事情，我不小心就被吸進那個年代，當我緊張的問：「我在哪裡啊？」這時聽到聲音：「妳在書裡了。」忽然看見秦始皇走了出來，他說怎麼有這麼美麗的女孩？他親切的邀請我進宮殿，秦始皇還請僕人幫我換上那個年代的衣裳。

　　女僕幫我梳好頭，就說：「秦始皇請妳去他那裡。」秦始皇對我說：「跟我喝杯酒吧！」我說：「我年紀還小不能喝酒，但是我可以榨木瓜牛奶給你喝喝看，你一定會喜歡！」說完，我花了五分鐘榨果汁給他喝，他先聞一聞，發現好香啊！他忍不住大口的喝，他說：「這味道好香好濃好好好喝。」並封我為「果汁官」，只要他一天沒喝果汁，他就會瘋掉。

有一天秦始皇說：「今天來用每一年只有一顆的甜蜜果榨榨看吧！那個甜蜜果又香又甜，榨出來一定很好喝」。我榨完要放到秦始皇桌上時，竟然翻倒了果汁，果汁流到秦始皇高貴的衣服上！我嚇得驚慌失措，不知道該怎麼辦。

　　這時候，秦始皇大聲的罵：「妳知道這是一年只有一次的果子嗎？」我說：「大王我知道了！請饒我一命啦！」秦始皇大聲下令：「把這個人抓起來，關進監牢裡！」

　　我害怕得跑出宮殿，眼看後面的追兵要來了就一直跑，但還是被士兵抓到了。士兵把我的衣服脫下來，換成犯人的衣服。快被關進牢裡時，我機靈的跟士兵說：「你們好像拿錯鑰匙了！」士兵說：「我先去換鑰匙，妳在這裡等我們。」

　　這時我想逃跑，腳卻被樹枝勾破了。我大喊：「我好痛！」

　　後來發現，原來這是一場夢，我會痛的原因，並不是因為被樹枝勾到，而是被媽媽打了一頓，因為媽媽叫太多聲：「妳要上學遲到了，還不快起來？」

五、

辦桌

第一秒　溫老師這樣想

　　這篇文章雖然是記敘文，不過，卻有點用「報導」的方式來寫，偏向說明「辦桌」過程。先不管文體，直接用「預測」策略進入教學，相信學生已經累積了不少相關經驗。

　　請老師在黑板上畫個圓，圓上就寫著「辦桌」兩字，接著請學生開始發表，看到這個題目，你會想到哪些事？透過學生陸陸續續地發表，老師除了把答案寫在黑板上之外，還要問問學生，這麼多發表的答案中，有沒有同一類的事項？我們要將其歸類並且整理出來，到底「辦桌」會寫到哪些事情呢？

　　討論完之後，再來看看課文怎麼寫？為什麼作者會這樣寫呢？辦桌需要哪些準備與程序？辦桌可以讓小朋友有什麼期待？親友又有什麼感受？

第二秒　記敘文這樣讀
（1）形式深究

　　　　請老師帶著學生練習在課文畫出答案，再填入〈辦桌〉課文結構表。

　　1.辦桌的理由？（原因）

　　2.作者家辦桌前的工作有哪些？（經過一）

　　3.辦桌當天做了哪些事？（經過二）

　　4.開始吃飯時，又做了哪些事？（經過三）

　　5.宴會結束時，還做了什麼工作？（經過四）

　　6.這件事給作者的印象是如何？（結果與感想）

◎〈辦桌〉課文結構表

提問	課文內容
1. 原因：辦桌的理由？	家裡有喜事——家裡的新房子蓋好
2. 經過一：辦桌前的工作有哪些？	1. 工人搭棚架 2. 爸爸忙著掛紅彩
3. 經過二：辦桌當天做了哪些事？	1. 廚師和他的助手載來滿車的食材和用具 2. 他們分工合作把各種用具就定位 3. 有的人排桌子，有的人洗菜，有的人切菜……
4. 經過三：開始吃飯時，做了哪些事？	1. 在大門口點上一串鞭炮，告訴大家：宴會開始了 2.「手路菜」一道一道的上桌 3. 爸爸和媽媽一桌一桌向客人打招呼、問好
5. 經過四：宴會結束時，還做了什麼工作？	「菜尾」會分送給親朋好友
6. 結果與感想：對這件事的印象是如何？	「辦桌」時的歡樂氛圍，「菜尾」的好味道，是難以忘懷的童年味、家鄉味
練習摘寫大意：請將上述答案練習用連接詞連成一段大意	

（2）內容深究

練習在小組裡，或跟全班討論、分享和家人去吃喜宴的經驗。

1. 時間？那天的天氣怎麼樣？

2. 有誰一起去？家人的裝扮以及心情？會說些什麼話呢？

3. 你去的是哪一個地方？這地方有什麼特別？為什麼會到這個地方呢？

4. 看到什麼？這些東西最特別的又是什麼？那時你說了什麼話？其他人

的反應呢？

5. 聽到什麼聲音？這些東西最特別的又是什麼？那時你說了什麼話？其他人的反應呢？

6. 做了哪些事？這些東西最特別的又是什麼？那時你說了什麼話？其他人的反應呢？

第三秒 同學們這樣寫

◎「總鋪師的一天」貼身採訪記

（1）教學引導

電影《總鋪師》以及阿基師等名廚炒紅了廚師這個工作，但是當總鋪師真的那麼容易嗎？「辦桌」能否成功，總鋪師就是關鍵與靈魂人物，因此，透過課文與課外影片資料的補充，我們讓學生擔任貼身採訪的記者，跟著故事中的的總鋪師，感受辦桌的酸甜苦辣。

另外寫作採一問一答方式，中間穿插報導（旁白），人名可以用代號，例如：記者是 A、阿火師是 B、阿明師是 C。可以做成 A4 小書或者繪本小書。

（2）寫作綱要

1. 先介紹記者的名字及超級任務——貼身採訪記錄「總鋪師的一天」

2. 總鋪師要去哪裡辦桌？是因為什麼喜慶呢？

3. 當天要準備的工作及事情？為什麼要準備這些？

4. 這次喜宴要上的是哪十道菜呢？菜名是什麼？（可以自由發揮）

5. 煮菜過程最辛苦的是什麼？有多少人手幫忙呢？請在場記者形容一下過程中的氣氛，盡量誇張、有趣地表現出來吧！

6. 上菜時看到賓客吃「辦桌」的表情及動作，還有現場的氣氛如何？

7. 結束後，總鋪師的心得與想法分享：最得意、最辛苦、最感動……

8. 記者從另一個角度看到了總鋪師這項工作，有哪些值得學習的地方呢？有機會你會想從事這個工作嗎？為什麼？

第一秒 **溫老師這樣想**

　　這是一篇非常具生命力的文章，不僅顯示原住民敬天愛物的悲憫胸懷，還處處著墨父親從大自然生態中體悟的智慧，透過兒子的一問一答，雖然文字簡單、親切樸實，卻更顯父親對於生命哲理奧妙深刻的體悟。

　　同樣談生命議題，原住民跟漢民族就是不一樣，輕鬆自然的筆調，娓娓道來使讀者毫無壓力，就像聆聽一首輕快的舞曲，擺脫教條式的告誡與要求，卻更打動人心，毫無抗拒的接收再簡單不過的哲理。

　　這其中差異的原因在於，原住民長期與山林為伍，對所有動物的外貌、特徵、習性都瞭若指掌。於是鳥鳴是天籟，動物是老師，山、海、花草樹木皆是家人，即使山林捕獵亦適可而止，夠了絕不多拿，對餵養他們的所有動植物，時刻心存感恩與敬畏，沒有繁瑣的教條，只有一代傳一代的身教。

　　文章的整理透過教師手冊的提問，大約都能掌握，接下來一定不能忘了延伸這篇文章的好「梗」—— 動物學校，想想，如果森林裡的動物為了要生存，所以要開設學校來訓練動物逃生，這多有趣啊！

第二秒＆第三秒 **這樣讀這樣寫**

A. 動物逃生學校

（1）教學引導

　　　　為了遏止獵人捕殺，動物們想要開辦一所學校，設計各種對付獵人的課程，讓各種小動物能夠平安的在森林生活。可以讓同學先畫

圖，再以小書形式呈現，效果一定更好。

（２）寫作綱要

1. 這所動物學校名稱要叫什麼？為什麼？（越酷、炫、KUSO 越好）
2. 動物學校校園設計：有哪些教室？哪些設備？每種設計的功能說明？
3. 學校聘誰當校長？誰來當老師？老師的專長是什麼？他們有什麼口頭禪嗎？有沒有很嚴格的老師？這些老師會怎麼要求學生？
4. 請舉出至少四種課程的實際上課內容？老師怎麼教？動物學生的反應呢？（慢慢寫，這裡是重要的部分）
5. 實際演練：設計獵人實際獵捕，小動物學習應變及逃生的過程
6. 動物學校畢業典禮：逃生大考驗、小動物畢業感言

（３）範例參考：開頭

　　森林裡最近常常遭受獵人攻擊，光是這個月就已經有三隻山豬、五隻飛鼠和四隻鹿遇難，這些動物家族因為親人突然遇難，心裡不僅難受還恐懼萬分，於是，身為動物大家長的黑熊老大，決定出面召開會議，請所有動物家族派代表共商解決大計。

　　「我覺得應該要有學校來教導我們的小孩，如何躲避獵人的陷阱和攻擊！」聰明的羚羊首先發言。

　　「是啊！最近的獵人越來越狡猾，常常設陷阱讓這些小孩都中計！」山豬太太憂心忡忡附和著。

　　「這個想法太棒了，不過，森林裡從來也沒有這種學校，我們到底應該教什麼課程呢？還有，到底誰來當校長？」猴子很好奇的發問。

　　動物們你一言我一語，很快就決定設立動物學校，幫助所有動物不再受獵人的恐怖威脅。接下來，所有的動物開始幫這所學校取名字，每隻動物無不絞盡腦汁，想要挑出一個又炫又酷又好記的學校名稱……。

B.〈山豬學校，飛鼠大學〉──原住民獵人跟西洋童話獵人的比較

1. 什麼叫「獵人哲學」？為什麼叫「哲學」？

2. 你印象中童話裡的獵人形象是如何？（外型、特徵、個性、想法……）
   這給你什麼樣的感覺？

3. 從課文中的每一段，找出真正有靈性、懂生命哲學的獵人，他所談的重
   點是什麼？

4. 這篇文章，跟你從小讀過的童話故事中的「獵人」形象有何不同？ 你是
   怎麼比較的？為什麼？

5. 你覺得這個獵人是不是最好的老師？最好的教材與教室都在大自然嗎？
   為什麼？

（二）抒情
一、我要給風加上顏色

 第一秒　溫老師這樣想

　　這是一首既美麗又散發無窮想像力的童詩，作者完全站在孩子的高度及特質，用了短短幾組文字，描繪日常生活中觀察的感受或者說疑惑，當然也道出了真正的涵義——如果我是風。

　　從「我要給風加上顏色」讀到「如果我是風」，方能參透詩中內容的描述，如果不是嚮往自由灑脫，不愛大自然中的暢快寫意，絕對寫不出這樣的詩意與比喻。

　　所以，童詩的表現雖然沒有任何固定形式，內涵更因為文字的精簡及留白，叫人摸不著邊，增加作品與讀者間的距離，再加上風格不定，鮮少有人能發展出導賞的模式。但只要抓到讀詩的重點：作者真正想說的話，就像一大串肉粽，抓住「肉粽頭」，整串肉粽就能穩穩被握在手中，那些詩歌中的文字都不會無所依歸。

　　所以，進行詩歌教學一定要先問學生：「作者想說的話，都在詩裡嗎？還是要像剝洋蔥一樣，一層一層剝下去？」〈我要給風加上顏色〉就是這樣的一首詩，作者從「想知道，卻沒有辦法」到「如果……就可以」，完全洩漏了自己期待。作者就是想把自己變成風，化身美麗瀟灑、暢快不羈的風啊！

 第二秒　記敘文這樣讀

（1）創作主題

　　1. 作者想要表達的想法是什麼？你從哪裡看出來？（希望自己就是風，

119

在大自然裡快意馳騁）

2. 作者想像自己「如果我是風」，他想要變成哪幾種風？怎麼讓別人知道他在扮演不同的風呢？

3. 每一種風吹過不同的地方，會產生麼樣的畫面？每一種風吹過，又會對這些地方說什麼話呢？（參考學習單）

4. 用這樣的詩來表現自己的想望，你喜歡嗎？為什麼？如果我們寫成一篇〈如果我是風〉的記敘文，會有什麼不一樣？

5. 如果有一臺機器，它可以把記敘文（文章）變成一首詩，你覺得這機器應該要做哪些事（功能）？為什麼？

（2）〈如果我是風〉學習單

親愛的小朋友，〈我要給風加上顏色〉，提到風吹過各種地方，請你先把風的顏色那一格上色，接著畫出不同的風吹過的畫面，最後再把風吹過時，要對各種風說的悄悄話寫下來。

◎〈如果我是風〉學習單

		微風	強風	狂風
河面	圖畫			
	文字			
山巔	圖畫			
	文字			

樹葉	圖畫			
	文字			
花叢	圖畫			
	文字			

第三秒 同學們這樣寫

A. 我是風：從詩到故事

（1）教學引導

〈我要給風加上顏色〉是一首情節豐富而且充滿想像力的詩，因為詩歌體裁的關係，只能點到為止，所以我們可以在同樣的內容之下，改題目也改文體，再依照題目編寫劇情，把這首詩改成一篇精采故事。

（2）寫作綱要

1. 自我介紹及家族介紹：自己是哪一種風？家族中還有哪幾種風？每一種風的特色及能力？（至少寫出四種）

2. 家族住的地方在哪裡？平常都做哪些事？（例如：專業知識的上課及專業能力的培訓）

3. 每一種風出門時的任務是什麼？他們都喜歡穿上什麼顏色的衣服呢？為什麼？

4. 風家族出門時，大自然的各種生物有哪些反應？會做出什麼樣的表情動作？他們會想說什麼話呢？感覺如何？

5. 你喜歡自己是風嗎？為什麼？身為「風家族」，你還想完成哪些夢想呢？

B. 風兒的星光大道：從詩到記敘文

（1）教學引導

〈我要給風加上顏色〉這首詩讓風有了生命，也有了靈動的身體和思想，加上七彩繽紛的顏色，還有我們所認知的一些關於風的角色，何不來玩一玩「星光大道」，既能彰顯風的特質，又能搭上現階段流行的社會現象，讓語文學習也能關照社會趨勢發展。

（2）寫作綱要

1. 「風兒的星光大道」比賽起因？（誰都不服誰？例行性的比賽？）

2. 主持人是誰？評審有哪些？這些人的工作又是什麼呢？請一一說明

3. 比賽規則有哪些？為什麼？這些規則有哪些需要注意？

4. 參賽的風有哪幾種？每種風的外型、裝扮及特殊能力？參賽前的心情及想說的話

5. 開始比賽，每一種風怎麼展現自己的實力？（每一種風都要描述清楚）

6. 比賽時觀眾的表情、動作及感受？評審有沒有覺得很頭痛、很難給分？

7. 比賽時有沒有發生特別好笑的場面？當時大家的反應又是如何？

8. 比賽結果是誰贏了冠軍？還是平手？每個選手的反應？

9. 主持人、評審及選手對這次比賽看法及感言或祝福？

二、

拔一條河

第一秒　溫老師這樣想

　　甲仙國小的小朋友，代表高雄參加全國拔河賽，得到亞軍回到故鄉的那天晚上，楊力州導演拍下了感人的一幕。這些原本因天災肆虐，內心已積弱不振的大人，看到十一、二歲的孩子拚了命想用拔河來「榮耀甲仙」，當下他們終於有所頓悟：「如果連孩子都可以站起來，我們大人怎麼可以站不起來呢？」

　　這是《拔一條河》紀錄片導演楊力州受訪時的一段談話，也是這一課最可貴動人的主題。我們以為孩子總是躲在大人後面，總是需要大人激勵才能奮發向上，沒想到，甲仙國小拔河隊的小朋友改寫了現實，他們自發性地在八八風災之後組成拔河隊，想透過比賽凝聚鄉民的力量，想透過得獎證明希望、夢想永遠在前方，只要我們願意努力。

　　課文簡略地以報導方式寫下了這個故事，省去許多畫面與細節，所以老師一定要記得另外尋找相關資料，或者以《拔一條河》這部紀錄片作為補充教材，才可能引導孩子理解當地居民實際的生活困境，還有拔河這項運動，需要哪些器材、課程設計、體能訓練，以及強韌的心理建設。有了這些教材的補充，才可能引發更多理解、思考、尊重與感動。

第二秒＆第三秒　這樣讀這樣寫

◎拔河教會我的事

　（１）教學引導

這是非常勵志的故事，更難能可貴的是，這回是由孩子主動改變並重新站起來，進而影響大人的士氣，讓整個甲仙又能恢復往日生命力的歷程。這些拔河隊員堪為同年紀孩子的典範，因此，我們應該也在其他孩子心深處埋下一份小小的志氣火苗，期許未來受挫時能有機會點燃。怎麼做？就讓孩子虛擬兩造：守護天使和拔河隊的小朋友，猶如智慧老人和孩子之間的生命對話，開啟自我療癒的一趟旅程。

（2）寫作綱要

事件發展		課文事實	1. 拔河隊員情緒反應 2. 最想問天使的問題 （參考附錄一）	天使想送給拔河隊員的一句話
原因問題		莫拉克颱風重創高雄甲仙，滿目瘡痍，如臨絕望深淵	1. 震驚、沮喪、不安…… 2. 為什麼是我們遭受這樣的痛苦？我們能做什麼？我們還有什麼機會重生呢？	1. 把你的臉迎向陽光，那就不會有陰影 2. 你不能左右天氣，但你能轉變你的心情
解決歷程	開始	甲仙國小成立拔河隊	1. 成立拔河隊的目的是？ 2. 我們要怎麼讓這個拔河隊成為最棒的團隊？訓練課程為何？	1. 你的選擇是做或不做，但不做就永遠不會有機會
	拔河練習的艱辛歷程	1. 利用木板取代拔河道，穿著一般的運動鞋取代拔河鞋練習		
		2. 利用晨間活動、午休及放學後的時間練習		
		3. 膝蓋和手掌磨破了，只在傷口塗上碘酒，用紗布包好後就繼續練習		
		4. 長時間的練習，手掌都長出厚繭，彷彿戴上隱形的手套		
		5. 不知磨破多少雙鞋，也不知拔裂多少條繩子		

結果	拔河隊勇奪高雄市拔河賽冠軍後，取得代表權參加全國大賽，經過好幾場激烈的龍爭虎鬥，終於獲得亞軍的好成績
回響	凱旋返鄉，甲仙大橋的橋頭人聲鼎沸，鞭炮聲和歡呼聲此起彼落。鄉親們看著凱旋歸來的拔河隊員，感動得熱淚盈眶。

勵志小語錄：
1. 生命，那是自然付給人類去雕琢的寶石。——諾貝爾
2. 人的一生是短的，但如果卑劣地過這一生，就太長了。——莎士比亞
3. 生命的價值不在於時間的長短，而在於你如何利用它。——蒙田
4. 真正的才智是剛毅的志向。——拿破崙
5. 抱最大的希望，為最大的努力，做最壞的打算。——嚴長壽
6. 一個能思想的人，才真是一個力量無邊的人。——巴爾扎克
7. 生氣，是拿別人的過錯來懲罰自己。——證嚴法師
8. 一個人的價值，應當看他貢獻什麼，而不應該看他取得什麼。——愛因斯坦
9. 理想是指路明燈。沒有理想，沒有堅定的方向；沒有方向，沒有生活。——托爾斯泰
10. 站著的農夫比跪著的紳士高貴。——富蘭克林

（3）範例參考：天使的信

親愛的孩子：

　　我是你們的守護天使，我知道你現在面臨的苦難，我也為你們感到難過與不捨，不管是誰，碰到這麼無情的災難，都要痛苦萬分，沮喪崩潰的啊！

　　可是，我親愛的孩子們！「把你的臉迎向陽光，那就不會有陰影；樂觀者在災禍中看到機會；悲觀者在機會中看到災禍。」這是我想送你們的勇氣大補帖，希望你們可以重新站起來，不被眼前災難擊倒，甚至去影響你們的爸爸媽媽，讓他們不再一蹶不振……。

　　你們問我，你們可以做什麼？我想問的是，你們最厲害的是什麼？拔河！對，回到學校，立定志向勇奪冠軍，讓所有大人都醒過來看見你們的志氣啊！

三、
迷途

第一秒 溫老師這樣想

　　黃雅歆的〈迷途〉（康軒版）是一篇非常深刻又完整的記敘文，作者用了旅行中在機場迷路的小事件，刻畫一個人面對孤獨無助時的幽微心理狀態，更深層的點出每個人一生中都要面對的課題——迷路原為看花開。

　　沒有人一生下來就能掌控人生的全局，所以每一場生活中的困頓、挫折，都是上天降下的禮物，只是，這個禮物層層包裹，若是一時失去耐心就不了了之，甚至剛開始連看都不看一眼，放棄得到禮物的機會，那麼你絕對無法領略禮物有多美、多實用。反之，如果靜下心，耐著性子，偶而還得低聲下氣，也不失鬥志，一切只為克服種種險惡關卡，那麼，老天爺是公平的，這個禮物就能讓你抱回。而且因為得來不易，不僅讓你蛻變成熟，更棒的是你將習慣接受挑戰，所以我們說：「真正的天堂是在地獄的出口。」

　　認知、情意、技能三個目標，溫老師迅速點出「情意」範疇，當然，這課也能從「認知」的角度切入教學。

　　提到旅行，沒有人不心動，隨著網路風行，旅行的方式變得更多元也更有趣，尤其年輕一輩對旅行的定義已全面翻新，這是一個令人振奮的改變，意謂著孩子願意接受挑戰，踏出舒適圈尋找新世界。文章稍稍提及「跟團」旅行的狀態，並且深入探索「自助」旅行時可能面臨的恐慌與無助，這樣的對照的確提供所有想旅行的人參考與選擇，甚至可以「未雨綢繆」提早思考如何因應。

　　接下來的深度閱讀與創意寫作，就朝上述兩個重點規畫執行：

1. 人物遇難時的心理狀態（情緒變化）

2. 跟團旅行和自助行之間的差異與因應措施

 ## 第二秒＆第三秒 這樣讀這樣寫

A. ○○驚魂記

（1）教學引導

1. 我的旅行迷途情緒自白書──迷路原為看花開

這個學習單主要結合了事件和人物情緒，請學生在閱讀時要特別將人物的心理狀態做一檢索，這樣才能讀出這篇文章的主題──面對孤獨、恐慌，我們如何誠實接納這樣的情緒，又該如何學習冷靜面對，然後努力尋求適切協助，最終就能領略一切的試煉，都是為了累積下一次出發的能量。

另外，除了課文中人物情緒的挑選整理之外，請記得搭配頁 196 附錄一的「情緒語詞列表」供學生推論時參考，這樣可讓人物的情緒更加細膩真實，也能藉由「情緒鷹架」來增強閱讀的敏銳度，以及寫作時對人物刻畫的直覺反射。

「我的旅行迷途情緒自白書」學習單	
自我介紹＋前言	

機場迷途事件發生重點摘述＆作者情緒對應表		事件經過的重點摘述	文章作者情緒	你的推論情緒
	1. 背景	人： 時： 地： 事情： 原因：		
	2. 問題			
	3. 解決			
	4. 結果			
	5. 回響			

2. 從記敘文到童話故事

　　透過課文的解構，特別是聚焦在「情緒」反應，我們可以讓學生用「情緒」當成寫作的鷹架，加上文章的主題——迷路原為看花開，學著這樣的手法，也來編寫一篇○○動物的「驚魂記」，先從編故事著手，避開學生旅行經驗不足的窘境，一樣可以為未來寫作打基礎。

（2）寫作綱要

1. 設定一個主角（動物），賦予被動、內向、膽小或是伶俐、大方、

膽識……的性格（參考頁 197 附錄二「性格語詞列表」，個性盡量
要合邏輯不能衝突）

2. 安排遇難前的背景：場景＋事件原因 （例如：出遊走失、刻意離
群想學習獨立、父母親有意訓練……）

3. 接著讓這個主角遇難：故事情節＋情緒（參考「我的旅行迷途情緒
自白書」學習單或課文）

4. 最後記得有所成長與領悟：不應該怕迷路，原來能力是靠不斷挑戰
後的累積

B. 給自助旅行者的建議小書

（1）教學引導

　　自助旅行風行已久，歐美先進國家總是鼓勵年輕人當背包客，
不管遠近就是要走出去，因為這不僅能拓展視野，更是學習獨立的第
一步。可惜，我們的教育一向不鼓勵孩子自助旅行，因此，造成年輕
人缺乏此型態的旅行觀念，所以，把握此次素材，讓自助旅行風險管
理浮上檯面，也讓學生在學校教育過程中得到提醒及訓練。關於旅行
風險的資料，網路上有非常多的討論，老師可以自行蒐集，並且請學
生研讀後在教室小組或全班討論。最後，再請學生製作成精美的小冊
子，這可是他們人生第一本旅遊書呢！若是不嫌麻煩，來一趟實際體
驗之旅，假日實際就近規畫一場「輕旅行」，想必一定大受學生歡迎，
也會掀起一股自助旅行風喵！當然，旅行後的遊記寫作也會生動不已
呢！

（2）寫作綱要

1. 旅行前的準備：預做功課

　1-1 行程規畫

　1-2 地理環境、人文風土的理解與準備

　1-3 安全須知

◎「跟團、自助超級比一比」學習單

項目 ＼ 方式	跟團：旅行團		單飛：自助行		我的小小評論：小組或班級討論之後，請寫出你對各項優缺點的想法
	優點	缺點	優點	缺點	
食					
住					
行（交通）					
樂（安全）					
心靈的自由度					

四、
自己的小路

第一秒 溫老師這樣想

六下要畢業前的最後一個單元，不管哪一個教材版本，主題都是「感恩與祝福」，宣告孩子們即將結束的童年，同時也意味著人生另一階段的序幕就要開啟。這樣的課文內容，只是個虛幻的「影子議題」，目的不是要你讀它，只是提醒孩子，好好面對所走過的每一步，回首細細檢視，懂得感恩懂得珍惜。

是的，孩子自己才是主角，每個人的童年拼圖都迥異於別人，如此獨特、如此不凡，只因，你就是你。別人的經驗大體上可能類似，細節卻只有你能拼湊完整。

第二秒&第三秒 這樣讀這樣寫

◎ 我的童年回憶六部曲

（1）教學引導

剛入學的時候，你是那個一直拉著媽媽的手不肯放的小孩，而坐在你隔壁的他，卻可能是一副天不怕地不怕勇闖天關的小勇士。你說你的記憶中，沒有與同學發生摩擦，沒有在學校闖禍，可是，就在你風平浪靜的那一年，隔壁班的一群臭男生卻可能為了撿一顆球，不知天高地厚，冒著生命危險，爬上體育館頂層，驚動校外的 7-11 店員，以為是小偷然後報警處理……。

我們的記憶，雖然重疊，卻譜著不同曲調，雖然同時，卻各自芳

香，這麼美好的記憶，這麼珍貴的人生史料，怎能任其隨風而逝？於是，我們讀著教科書，隨著作者的的腳步，卻要讓自己化身主角，慢慢挖掘昨日的自己。藉著別人的觀察，讓你的身影更加清晰，形象更加立體，這麼精采的「吐實與爆料」一一在眼前，在即將揮別童年之際，迤邐鋪陳，洋洋灑灑，教人愛不釋手啊！

就寫吧！書寫童年，童年最後的書寫，為人生不再回返的童年，留下最為璀璨的篇章吧！

（2）寫作綱要

◎「我的童年回憶六部曲」學習單

前言	1.為什麼要追憶這六年的故事？從那裡去找出這些故事呢？ 2.靜下來回顧這些故事讓你感覺如何？心裡有哪些情緒變化？為什麼？		
	當時的困難（事件）與情緒： 印象深刻或有趣的事件	協助你克服的人與方式： 這些人是誰？你當時的反應？情緒又是怎樣？	你的感恩與感言： 經過這麼多年，你想如何再去感恩這些人？
一年仔 悾悾			
二年仔 孫悟空			
三年仔 吐劍光			

四年仔 愛膨風			
五年仔 上帝公			
六年仔 閻羅王			
總結	1. 寫完這些故事，是什麼感覺？像坐時光機回到從前嗎？為什麼？ 2. 你想和過去、現在和未來的自己說哪些話？最後請參考頁197附錄二給過去、現在和未來的自己做一總結		

（3）學生作品

1. 一年級──那一天我入學（南大附小楊晟甫）

蟬聲響起，鳳凰花開，那擱淺在時間長河的記憶，又慢慢的浮現在腦海裡，還依稀記得，幼稚園大班畢業後，新生入學的那一天，儘管在班級學生名單上搜索了許多次，但仍然沒有看見熟悉的名字，心裡盡是不安。

那天，媽媽牽著我的手，到了一年 X 班，綠綠的招牌，好高，真是可怕！然後，又有一位很像媽媽的大人向我走了過來，笑容可掬的對我說：「弟弟，不要怕，來，乖乖喔！進來就有糖糖吃喔！」我羞澀的環顧四周，很多小朋友，都跟我一樣，不過他們已經在吃糖果了，好好喔！於是，媽媽牽著我進到了教室，媽媽還在，這樣我可以放心許多，老師給了我糖果，於是我蹦蹦跳跳的跟老師走到座位去了。儘管如此，但在這陌生的環境中，我心裡的不安因子仍上下移動，一顆

心，老是噗通噗通的跳著，好快，好快。我瞄了一眼站在後方的媽媽，她站著對我微笑，揮揮手。我終於放鬆心情，燦爛的笑了，於是我開始專心的聽老師說有趣的繪本。

過了四十分鐘，一個響亮的聲音在我耳邊迴盪，我轉頭一看──媽媽竟然不在後面！我慌亂的四下顧盼，就是不見那熟悉的蹤影，於是我嚎啕大哭，拚命哭鬧，哇哇哇……老師安撫也沒什麼用，最後，她祭出了法寶──一大堆糖果，我舔了舔嘴，想說別浪費力氣了，吃糖果還比較實在。但，我依然沒有辦法忍受這種少了媽媽的不安全感，儘管老師在上課，我依然盯著窗外，心，飄著飄著，飄到那個有媽媽的地方。

2. 六年級──那些與麻吉們的事（南大附小謝鴻傑，本文為節錄）

朋友，讓童年構出美妙的旋律，那些瘋狂的事，讓童年的樂曲，高潮不斷，餘音繞梁，無法忘懷。

他，總在老師嘰嘰喳喳精采至極時，聽成莫札特的安眠曲，趴在桌上呼呼大睡。

他，總是有著異想天開的想法和舉止，好像這個世界，有永遠探索不完的驚喜。

他就是 XXX，一個陪我度過一到六年級的同窗生活，不管幾次的分班，都跟我同一班的麻吉。

一直同班，真的不知道是該開心還是感到悲哀，為什麼呢？就讓我娓娓道來……顯然，上帝跟我開了個玩笑，升上五年級，我又跟他同班了。不過，我們也都長大了，小學的畢業旅行，他陪著我一起玩雲霄飛車，當車子往下掉時，我們一起放開手，瘋狂的大聲尖叫，瘋狂的度過最後的童年！

人不輕狂枉少年，現在想想，那些過往的事，其實都是那麼美好的回憶啊！此刻，不禁要大聲的喊著：還好有這樣的朋友陪我度過！

（三）遊記

一、爬山

第一秒 溫老師這樣想

　　這是記敘文中「遊記」的課文，內容不多卻點出了遊記的重要結構：人、事、時、地、物。第一部分：「星期天，爸爸媽媽不上班，我們一起去爬山。」先點出遊記的時間、人物、地點及活動原因；第二部分的重點是爬山的歷程，可以用「看、聽、做、感覺和想法」來統括。

　　作者透過兩段短文，點出遊記的重點，這樣的概念只要能引導孩子去發現並歸納，接著開始做課文補充延伸，或者用歸納後的重點去統整學生自己的旅遊經驗，就能為孩子奠定良好的遊記寫作基礎。即使學生對於文體完全陌生，也可以從課文中學習，只要老師用對了方法，學生不一定要學會文體的代稱，但是卻能對文章內容分析更加有意識與自覺，也能快速整理自己的旅遊經驗。

第二秒 記敘文這樣讀

1. 「爬山」是指出外旅行或遊玩的事情嗎？如果是的話，我可以說這種文章叫作「遊玩的紀錄」嗎？如果你同意老師所說，你可以用兩個字來代表這種文章嗎？（請老師引出「遊記」這兩個字）

2. 「遊記」的文章應該記錄哪些東西呢？我們從課文中來找找看吧！

　　2-1 時間？

　　2-2 有誰一起去？

　　2-3 哪一個地方？

2-4 看到什麼？

2-5 聽到什麼聲音？

2-6 做了哪些事？

3. 找到了這些答案之後，我們一起把答案填到〈爬山〉課文學習單

4. 課文中有很多事情忘了記錄，請小朋友幫作者想一想，然後大聲地站起來
   發表，説給大家聽

5. 親愛的小朋友，請你先想一想自己跟家人出去遊玩，或者老師帶著全班一
   起逛校園的過程，再來跟著老師一起完成「我的小小旅遊紀錄」學習單

◎〈爬山〉課文學習單

	課文內容	課文內容
時間	星期天	那天的天氣怎麼樣？
人物	全家（爸爸、媽媽、作者）	1. 家人的裝扮以及心情？ 2. 會說些什麼話呢？
地點	山上	1. 整座山的景色，除了課文中的描述，還有哪些特別的景物呢？ （例如：小鳥，昆蟲，各種不同的植物及石頭） 2. 他們會跟作者說些什麼話呢？ 3. 作者又會回應哪些話？ 4. 爬山的過程中，作者家人之間會有哪些對話？ （例如媽媽會鼓勵作者：加油，很快就要到山頂了
事情	一起去爬山	
看到的事物	小花一朵朵	
聽到的事物	小鳥吱吱喳喳唱歌	
當時做的事情	全家大手拉小手爬上山頭	
後來的感覺和想說的話		1. 爬上山頂之後，作者及家人又會說哪些話？ 2. 又會有哪些感想呢？

◎「我的小小旅遊紀錄」學習單

寫作提問	我的小小旅遊紀錄
1.時間？那天的天氣怎麼樣？	
2.有誰一起去？家人的裝扮以及心情？會說些什麼話呢？	
3.你去的是哪一個地方？這地方有什麼特別？為什麼會到這個地方呢？	
4.看到什麼？這些東西最特別的又是什麼？那時你說了什麼話？其他人的反應呢？	
5.聽到什麼聲音？這些東西最特別的又是什麼？那時你說了什麼話？其他人的反應呢？	
6.做了哪些事？這些東西最特別的又是什麼？那時你說了什麼話？其他人的反應呢？	
◎把你和家人去玩的過程，在背面畫出來	

第三秒 同學們這樣寫

◎ 我的小小旅遊紀錄

（1）教學引導

　　讀完課文後，請學生寫下自己的旅遊紀錄，老師也可以帶著學生

一起逛校園，或到附近的公園走走。這不算是正式的寫作，卻能將學習到的遊記重點，透過整理成自己的旅遊經驗實際演練一次，對於未來要寫成一篇正式的遊記文章，一定有很大的幫助。

另外，為了加深加廣，除了課文內容之外，以〈爬山〉課文學習單為基礎，又再加入了一些問題，引出不少課外的資料，這些成了孩子在寫作前的重要養分。

（2）寫作綱要

1. 時間？那天的天氣怎麼樣？
2. 有誰一起去？家人的裝扮以及心情？會説些什麼話呢？
3. 你去的是哪一個地方？這地方有什麼特別？為什麼會到這個地方呢？
4. 看到什麼？這些東西最特別的又是什麼？那時你説了什麼話？其他人的反應呢？
5. 聽到什麼聲音？這些東西最特別的又是什麼？那時你説了什麼話？其他人的反應呢？
6. 做了哪些事？這些東西最特別的又是什麼？那時你説了什麼話？其他人的反應呢？

二、
淡水小鎮

 第一秒 **溫老師這樣想**

　　這是新詩體的課文，第一段先點出淡水是一個有歷史的古城，接著用知名的商店阿婆鐵蛋、重要的古蹟紅毛城以及淡水河上的小船，描述淡水小鎮過去與現在的風貌。

　　作者透過四首短詩描繪了淡水的「意境」，讓學生了解小鎮曾經走過的繁華與歷史軌跡。然而對於學生而言，要體會小鎮的過去與現在、繁華與沒落、滄桑與重生，一定要找出圖片、影片或資料輔助說明與介紹，才能真正理解課文的內容。

第二秒 **記敘文這樣讀**

1. 淡水小鎮在臺灣的哪裡？跟自己家鄉的距離與相對位置又是如何？

淡水

2. 你有聽過或去過淡水旅遊嗎？除了課文所敘述的資料，你所知道的淡水是
   怎麼樣的一個地方？你從哪裡知道的？給你的感覺又是如何？（老師可以
   多元智慧圖的方式，記錄學生的發表）

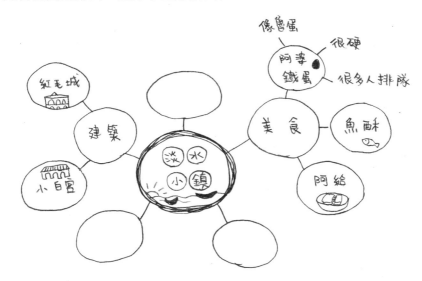

3. 從課文描述與上面大家的發表紀錄裡面，整理出幾項關於描述淡水小鎮的
   重點，並且用表格列出：

景點分類	名稱	特色介紹	評價與推薦
美食	阿給		
	魚酥		
	阿婆鐵蛋		
古蹟	紅毛城		
	滬尾砲臺		
景觀	淡水河		
	夕照		

玩樂	單車道		
	漁人碼頭		
生態	紅樹林		

4. 知道了這麼多的淡水過去的故事或是現今的發展，你覺得印象最深刻的是？為什麼？（老師事先補充淡水相關影片、圖片介紹或資料說明）

5. 如果要票選「印象淡水」，你會選擇哪一項當作淡水的代表呢？例如建築、美食、人物、景觀……說說為什麼？如果選出來之後要你畫圖，你會想怎麼表現？為什麼？

第三秒 同學們這樣寫

A. 我是「淡水小鎮」

（1）教學引導

用第一人稱來介紹淡水小鎮，主要是從學生自我中心角度來寫作，這樣的好處是觀照全局，將閱讀教學討論的重點，透過學生的語言轉化成一篇作文，既能成就認知目標，又能練習寫作技巧。

（2）寫作綱要

1. 先把自己當成「淡水小鎮」，並且概略性自我介紹（可以參考課文第一段「總說」的寫法）

2. 最想跟大家介紹的第一個景點是哪裡？特色及重要性是什麼？大家對這個地方的評價及想法又是什麼？（參考老師上課補充之資料）

3. 第二個景點又是哪裡？（人物也可以）特色及重要性是什麼？大家對這個地方的評價及想法又是什麼？（例如馬偕醫生）

4. 第三個景點？（重點同上）

5. 想要預祝所有遊客得到什麼收穫？對還未到過淡水小鎮旅遊的人想說些什麼？（如何打動人心，讓大家都想來淡水小鎮一遊呢？）

B. 淡水旅遊達人「一日遊行程」設計

（1）教學引導

把自己當成是對淡水非常熟悉的旅遊達人或導遊，然後安排一天的淡水之旅行程，也可以分組完成。

（2）寫作綱要

1.先請學生「設計」一張淡水旅遊手繪地圖送給遊客（八開或四開圖畫紙）。設計重點不在街道名稱，只要將每個重要景點或商家，畫成 Q 版的圖案即可。

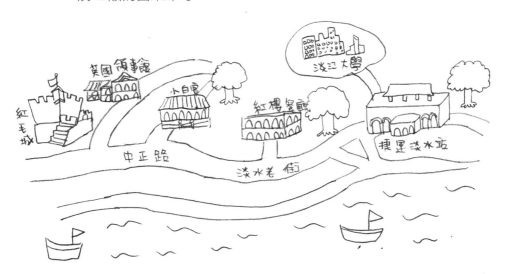

C.「淡水小鎮」明信片設計大賽

（1）教學引導

聽了這麼多關於淡水的資料，若能結合學生喜歡動手做的心理，將閱讀理解轉化成動手做和寫的課程，不僅消化資料，又能展現創意表現。

（2）寫作綱要

1.先選出自己覺得最能代表「淡水小鎮」的人、景、物其中一項

2.老師發下一張彩色或白色圖畫紙，裁成如明信片大小

3. 開始設計圖案並將其畫在發下的明信片上

4. 背面做成明信片格式，並且有一欄說明發想與設計理念

5. 結束後，辦理淡水明信片大展

★認識淡水

　　淡水是一個擁有四百年歷史的城鎮，古時候叫「滬尾」，今天
稱「淡水」乃是因淡水河之名而來。遠在中國清朝時期，由於淡水
位於淡水河出海口，因而成為北部船舶往來重要的港口，進而帶動
淡水的繁榮與發展。

　　數百年來，淡水接納一波波洶湧澎湃的歷史風潮，演繹一齣齣
撼人心魄的歷史事件，這些富有傳奇色彩的故事，直到今天，依然
保留著彌足珍貴的痕跡。以今日淡水而言，目前被認列為古蹟而保
存的有近三十處，散落在淡水的老街古巷、山野平疇，等待著我們
去探尋、去解讀、去體悟。

　　　　　資料來源：淡水區公所　http://www.tamsui.ntpc.gov.tw/

説明文

一、

文字的開始

第一秒 **溫老師這樣想**

怎麼把事物「發明」的過程寫下來？這篇〈文字的開始〉。和〈阿拉伯數字的由來〉（統整活動一）做了最好的示範。

人類的發明天天上演，通常都是因為不方便（問題 1），然後想方設法尋求解決的方式（解決），然而，得到的成果（結果），極可能又成為下一個使用上的困擾（問題 2），就這樣不斷循環，造就世界的進步與便利。這樣的過程就在你我生活周遭，文學的目的就在促使留下歷史足跡或是創意想像，有了課本文章的案例，當然要好好探究寫作手法，並將這些技巧變成透明可學習，簡而言之，就是將此變成寫作鷹架，讓學生也能陳述「發明」事件。

除了學習文章的結構（事件表達方式），這篇文章也能延伸、補充，也就是從「情意」的角度切入，讓課文說明的事件得以重生、復原，學生也才能感受到事件的真實與溫度。

課文描述「大事打大結，小事打小結，生活中發生的大事小事太多，大大小小好多結，最後都記不得是什麼事了。」這是一個非常好發揮的「梗」，想想，如果時空轉移，把這些孩子送回那種年代，會發生什麼事呢？

還有「圓圓的太陽，就畫個『日』；半圓的月亮，就畫個『月』……。」文字經過幾千年的演變，若能再度乘時光機回到過去，虛擬感受當時的情境，不僅頓時提升學習興趣，還會因為認知落差感受所謂的「不便」到底為何如此急迫，促使人類決定不斷改變與發明。

第二秒 說明文這樣讀

1. 文章的眉批：「發明的事情，可以這樣寫」學習單

2. 比較閱讀：找出相同與相異之處

　　2-1 從學習單中找找看，有沒有發現〈阿拉伯數字的由來〉一開頭多了哪
　　　　幾個問句？

　　2-2 這幾個問句功能是什麼？為什麼作者要這麼寫？

3. 如果要用這種方式來寫〈文字的開始〉，這篇文章會變成怎樣？

◎「發明的事情，可以這樣寫」學習單

	文字的開始　（目的：建立基模）	阿拉伯數字的由來（目的：辨認基模）
內容	文字還沒有發明以前，人們要記事情很不方便。（問題1） 　　有人用「打結」來記事，大事情打大結，小事情打小結，（解決1）生活中發生的大事小事太多，大大小小好多結，最後都記不得是什麼事了。（結果1、問題） 　　後來有人想到，可以把看到的東西畫下來，圓圓的太陽，就畫個「日」；半圓的月亮，就畫個「月」。還有人畫出有三個尖角的高「山」和有四個方格的「田」地……。（解決2） 　　有了文字以後，大家發覺生活中的事情，都可以記下來。（結果2）於是，一個又一個的文字，就這樣被人們慢慢的造出來了。（回響──影響）	在「阿拉伯數字」被發明以前，你知道人們如何來計數嗎？你知道0～9這幾個數字是誰發明的嗎？為什麼它們被稱為「阿拉伯數字」呢？（提問1）很久以前，人們會用一條線表示「一」，兩條線表示「二」……如果數目很大，還得用許多條線來表示，實在很不方便。（問題1） 　　大約在一千五百年前，印度人用一種特別的字來表示數目，這些字只要一筆、兩筆，很容易就可以寫成。（解決1）原本只有1到9的數字，有一位聰明的印度人，發明了0，來表示「沒有」，計數就更方便了。（結果1） 　　後來，這些數字被傳到阿拉伯，阿拉伯人覺得它們很簡單，於是就開始在自己的國家裡普遍使用。（回響──影響1）過了幾百年，阿拉伯人又把它們傳到歐洲，歐洲人以為這些數字是阿拉伯人發明的，就把它們叫做「阿拉伯數字」。（回響──影響2） 　　現在，全世界的人都稱這種數字為「阿拉伯數字」，但是，「阿拉伯數字」其實是印度人最早發明的呵！（說明1）

第三秒 同學們這樣寫

A. 尺的由來

（1）教學引導

　　這篇是最好的「跨界演出」，也是最棒的「課程統整」，一年級開始接觸「量長度」，當時是用自然物或者是生活用品（非公制單位），二上開始了「白色小方塊」（1公分），接著就正式啟用「尺」（公制單位），從自然物→白色小方塊→尺，我們可以用這種文章手法來表示數學長度單位的學習。

（2）寫作綱要

1. 長度公制單位被發明的提問（參考〈阿拉伯數字的由來〉）

2. 古時候的人用什麼來測量長度？為什麼？

3. 碰到了哪些不方便的事情。（請舉例）

4. 接著又為什麼會發明白色小方塊？

5. 白色小方塊的缺點是什麼？為什麼？（請舉例）

6. 為什麼會發明尺？（把白色小方塊黏起來再標示數字）

7. 尺的好處有哪些？又有哪些類型的尺？幫助人們克服了哪些問題？

（3）學生作品（南大附小林咸呈）

　　在尺還沒發明以前，人們量東西的時候很不方便，都是用身上的某個部位或腳步來測量，但是每個人手的長度和腳步的長度都不一樣，所以常常會造成誤會，像我的課本長度有三枝鉛筆長，但是用別人的鉛筆量卻只有兩枝鉛筆長。為了避免誤會，必須要有相同的標準，於是尺就被創造出來了。

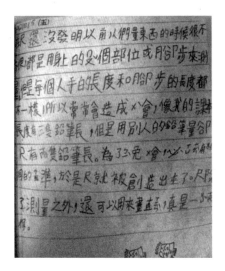

B. 我的頭腦「打結」啦！——打結記事出糗記

（1）教學引導

很難想像用繩子記事會發生什麼爆笑的事情，就讓學生自己虛擬體驗，親身經歷絕對比紙上談兵來得印象深刻。記得除了寫之外，一定要請學生畫插圖增加趣味，也讓學生感受到寫作的多元表現。

（2）寫作綱要（可穿插圖畫）

大家好！我是原始人，我的名字叫（　　），我長得（　　　　　　）。

我要跟你講一件因為「大事打大結，小事打小結」這個記事方法，發生在我身上的糗事……。

1. 先介紹這個記事情的方式（加上畫圖更好）

2. 那一個禮拜有幾件事呢？這些事情是什麼？

3. 如何把這些事情用繩子打結記錄呢？有沒有做什麼特殊記號幫助記憶？

4. 接下來發生什麼事？為什麼你會忘記？

5. 忘記後的悲慘事情又是什麼？

6. 怎麼改進這種記事的方法呢？為什麼會想到這樣的方法？

7. 這樣的方式有什麼幫助？接下來人們怎麼運用呢？

（3）學生作品（高雄市新光國小江僑真，感謝李郁璇老師提供）

很久很久以前，有一位男孩他叫作蒙特，蒙特明天就要結婚了！他好開心。

可是他把結婚的日子弄亂了，所以他把明天結婚日，打小結，他把後天要出去買東西，打大結。

明天他看到結就出去買電視了。

他害新娘在餐廳那等很久，新娘生氣了，她已受不了了，她就請人去幫她找新郎。

新娘覺得太久了，決定親自出發去找新郎。

新娘到了，發現新郎不見了，新娘很傷心又生氣，這時新郎回

來了，新娘大聲喊：你害我穿著新娘服在那邊等這麼久我不跟你結婚了！

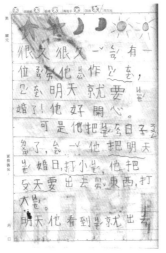  

C. 危機大解密──密碼對對碰

（1）教學引導

第二種寫作是寫出結繩記事的糗事，這一篇寫作練習繼續延續此手法，只是把場景移到「象形」文字時代，以當時眼光看看已經進步到文字使用的階段了，還會發生什麼故事呢？讓學生發揮創意及搞笑能力，這樣的語文教學就能擺脫呆板制式、一成不變的模式，也將文學順勢推升到與未來職場接軌的層次。

（2）寫作綱要

1. 寫出一封求救信，告訴人家你發生了什麼災難
2. 盡量不要用現在的文字，這樣別人容易猜出答案
3. 以下的圖像僅供參考，不夠用可以自己造字
4. 標準答案寫在另一張紙，不可以馬上公布
5. 老師將全班的「古代求救信」貼在布告欄，徵求同學的解碼信（每人認養一封）

6. 一週後再公布答案，找出最接近原意的優勝者

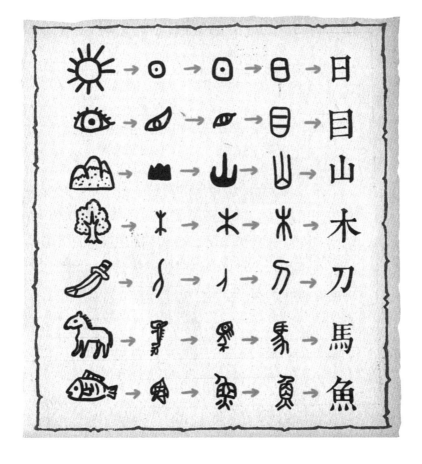

二、蟬

第一秒 溫老師這樣想

　　這是一首詩歌，一首讚詠自然生物界中「蟬」的詩歌，既然是出自自然科範疇，何不讓學生回到作者創作的起點，也就是「蟬」在自然界的生態？

　　這麼一說，也許老師心裡就有譜了，詩歌本就是精煉的文學形式，所有詩歌寫作完成之前，絕對有一段時間及空間是記敘文或者是說明文，也就是說，有觀察、有資料閱讀、有體驗、有……，那麼，讀者要做的事情就是回到最初的地方，把那些資料找出來，寫成記敘文或是說明文，再回頭看看作者寫的詩歌。以上順序簡化後就是「原始資料」→「記敘文或說明文」→「詩歌」這三道步驟。

　　其餘詩歌賞析的細節，可以參考教師手冊的提問，再加上課本統整活動提到的三個童詩特色：適當的分行、簡潔的文字、有趣的想像，來檢驗〈蟬〉這首童詩是否符合？

第二秒 說明文這樣讀

（1）教學引導

　　　　閱讀資料最重要的是整理、歸納，這種工作相當於閱讀策略中的做筆記。關於動物或昆蟲的生態筆記，溫老師想提供其中一種分類方式，方便學生日後整理這一類型資料。

　　　　教師可事先收集整理補充資料或是上網搜尋相關影片，以下是通則，端看提供的資料如何，決定哪些重點要整理並記錄。

1. 食：吃什麼？怎麼吃？排泄……

2. 衣：外型的變化狀況

3. 住：棲息

4. 行：行動歷程

5. 育：生育繁殖

6. 樂：與同伴互動或與天敵之間的狀況

7. 先在文章做眉批或直接以表格整理資料

 **第三秒 同學們這樣寫**

A. 蟬的生命之歌

（1）教學引導

　　請學生掌握「蟬」的資料，依著另一課〈臺灣的山椒魚〉的典型說明文架構，把內容改成介紹「蟬的一生」，可自訂題目。這樣一來不僅能將說明文的編寫手法解構，還能實際學會說明文的寫作方式。

　　寫作表現方式也可以是多元彈性的，其中又以「小書」的方式更受學生歡迎，至於圖片可以是自己畫的，也可以取材自媒體或書本。

（2）寫作綱要

1. 為什麼要認識臺灣的「蟬」？（這種昆蟲在臺灣的地位及普遍性）

2. 請找出蟬的圖片，介紹蟬的外型、特徵（不同時期的模樣）

3. 請找出蟬的生態習性中最值得介紹的部分，分段一一寫下來。例如：蟬鳴祕密、蟬的一生（卵、幼蟲、蛹、成蟲）、蟬的天敵……

4. 對於蟬，身為人類的我們，能做的是什麼？（昆蟲保育的重要）

B. 蟬的一生：臭屁蟬＆書呆蟬

（1）教學引導

　　練習從資料整理到相聲劇本的寫作，主題聚焦蟬的一生。先設定兩隻蟬擔任的角色，寫文章時可以用代號，例如 A、B，並且取個適

合角色的綽號。例如：〈臭屁蟬＆書呆蟬〉。接著採用一問一答的方式，最好還有點無厘頭，俏皮搞笑一些，讓文章更生動出色。可分組各寫其中一段，順便培養團隊合作的能力與心態。

（2）寫作綱要

1. 請角色（演員）先跟大家打招呼並且問候（問問學生，相聲的方式會怎麼自我介紹呢？）

2. 請向大家介紹蟬的生活型態以及習性，還有面臨的困境（參考〈蟬的生命之歌〉寫作綱要）

3. 終場結束，期待人類如何與之共處

4. 寫完了，當然可以讓孩子上臺表演喔！

（3）範例參考

A＆B：臭屁蟬、書呆蟬上臺一鞠躬！

A：大家好！我是寶島歌唱家，歌聲超越周杰倫的……的……的「蟬」，我是臭屁蟬。

B：你……你……你，這麼自大，不怕被周杰倫的粉絲「K」嗎？

A：你說我自大，那可真是太「有眼不識泰山囉」！

B：你怎麼知道我有「眼」，我不但有眼，還「複」眼呢！不過，我真的不知道我們蟬有什麼厲害？

A：你連自己有什麼厲害都不知道，還好意思說自己是「蟬」？笑死人啦！哈哈哈，果然是「書呆蟬」啊！

B：我不是不知道，只是不像你這麼臭屁，哼！

A：好啦！別生氣，既然都上臺了，我們就來好好說說咱們蟬家族有什麼厲害吧！這方面就要你這個蟬博士來為大家解說囉！

B：稱我為「蟬博士」這還差不多！那我就先來唸幾句詩：「鋸鋸鋸，鋸鋸鋸……好像要把整座森林，一口氣，通通鋸下來。」

A：嘿嘿嘿，這不就是在歌頌我的歌聲嗎？唉呀！真不好意思啊！

B：你又來了，正經點，現在我們可是在上自然課喔！

Ａ：好啦！好啦！其實，我也很想知道，為什麼，我們可以叫得這麼
　　響亮，叫得這麼持久耶！

Ｂ：那是因為我們雄蟬的腹部裝了一個「發音器」啦！

Ａ：喔，原來是這樣，難怪「唧唧唧……這樣的工作，好像一點都不
　　費力。」你看，我也會唸詩啦！

三、大地巨人

第一秒 溫老師這樣想

　　徐魯〈大地巨人〉（康軒版）是一篇詩歌體的文章，這樣的課文因為訊息過少，解讀自然吃力，不過文學優劣本來就不是字數的問題。詩歌是語言精煉的文學表現，留白處就是讓讀者想像力與創造力發揮之處。

　　先想想文章〈大地巨人〉想要表達的概念有哪些？若一時無法掌握，再從認知、情意、技能上來看，

　　為什麼要教這一課？學生為什麼要學（情意）？跟環境保護與愛護大自然有關嗎（情意與認知）？這篇詩歌用的技法值得學習的地方在哪裡？如何讓學生發現與學習（技能）？該如何讓學生在延伸活動去思考環境保護議題，也讓學生能夠透過文章學習轉化成思考與寫作？（認知、情意、技能）

　　這麼一解讀，方向明確了，似乎就豁然開朗，即使文章內容簡單，教師也不再覺得徬徨無助，只要補充課外讀物或是相關影片，教學設計及執行都不會捉襟見肘。

　　所以，補充的影片非常重要，這種眼見為憑的教學，絕對不能只讓學生讀課文，這樣就會流於無感、空洞貧乏又說教的教學，再如何呼籲「愛護地球」、「生態保育」都只會是口號。

第二秒 說明文這樣讀

（1）形式深究：課文理解→圖像表現

　　1.先請孩子根據課文內容，畫出大地巨人的樣子，再把每個部位依照課

文的形容與想像寫上去

2. 如果要把巨人再畫得更仔細一些，你會加入哪些大自然的景物？為什麼？例如：眉毛、嘴巴……

3. 接下來是補充無數動物和日月星辰，讓美麗的大巨人生活在鳥語花香，陽光充足的天堂般世界

（2）內容深究：影片理解→圖像表現

1. 地球環境被破壞的影片導賞（例如：《看見臺灣》、《正負2度C》）

2. 根據影片的環境調查報告，請學生再仔細思考，現在的巨人跟以前的巨人有什麼不一樣？再畫一張現在的巨人，或者分組畫，有些組別畫以前美麗的巨人，有些則畫現在慘不忍睹的巨人，並且説説看哪裡不同？為什麼？

3. 你看見人類做了哪些破壞地球的事情？這些事情的原因與過程又是如何？最後的結果讓地球變成了什麼樣子？

4. 面對這些一連串地球崩壞的事件，哪一項是你從日常生活中可以改善的？怎麼改？困難處在哪裡？

5. 除了自己，我們還能邀請其他人一起做哪些事來改善？

6. 哪些單位（政府、民間）正在努力從事地球保衛戰？我們如何參與或關心？

第三秒 同學們這樣寫

A.「美麗的大巨人」與「醜陋的大巨人」相遇記

（1）教學引導

根據「巨人的前世與今生」學習單的討論，寫出一篇多年後地球崩壞，原來過去美麗的巨人和現今醜陋的巨人，在另一個時空中相遇的對話與感受，除了討論，也可以請孩子出來表演一下。甚至可以選擇一段比較感性的音樂，催化那種相見時已經傷痕累累的破碎感覺。除了課文的敘述與形容，請再加上自己的想法。請老師記得先播放地

球被破壞的相關影片，例如：《看見臺灣》、《正負 2 度 C》……。

（2）寫作綱要

1. 為什麼兩位巨人會碰面？在哪裡？
2. 兩位巨人過去的交情？描述多年不見之後，兩人相遇彼此的第一眼那種震撼與動作表情，以及說出的話
3. 兩位巨人這麼多年的變化是什麼？（要細述並且舉例）為什麼一位變得醜陋，一位還能如此優雅美麗？
4. 他們共同的心聲是？（給人類的一封信）

◎「巨人的前世與今生」學習單

描述與形容		前世：美麗的巨人 （地球原來的樣貌）	今生：醜陋的大巨人 （人類的摧毀行為）
課文內容	胸肌		人類在山坡上任意開發，蓋了醜陋的建築物，不注重土質涵養，只要颱風後的大雨一沖刷，就造成巨大毀滅性的災難。事後茂密翠綠的森林，成了光禿禿的不毛之地
	頭髮和鬍鬚		
	呼吸		
	和藹的巨人		

自己想像與添加（就像地球的什麼？）	皮膚		
	手臂		
	眼睛		
	肚臍		
	大腿		

B. 我看《看見臺灣》有感——給母親（臺灣）的一封信

（1）教學引導

　　齊柏林導演的《看見臺灣》紀錄片，引發巨大回響與感動，很多人甚至是邊看邊流眼淚，為自己生長的土地如此壯闊美麗感到驕傲，卻也極度感傷、悲哀、不捨與遺憾，因為我們竟日夜摧殘傷害如母親般呵護我們的土地。就是這兩股力量不斷拉扯，讓人不得不正視環境議題。

（2）寫作綱要

1. 問候臺灣媽咪

2. 看見臺灣媽咪賜給了我們什麼？（看影片時可以簡單筆記）盡量描繪是什麼？怎麼樣？

3. 這些從空拍的影片中看到的景觀，給了你心中什麼樣的巨大震撼？為什麼？（至少四種）

4. 這些美好如夢境般的景色，為什麼變調走味？我們做了什麼事？又是怎麼造成的？

5. 變調的山河，如何讓臺灣媽咪身心靈受創？（舉例說明）

6. 一個生病的母親，如何照顧子民？所以，巨大的天災，總是如何傷害臺灣的子民？（例如：土石流）

7. 除了懺悔，我們該如何用具體作為挽救病入膏肓的臺灣媽咪？

8. 結語：再次感恩與保證從自己做起

四、
沙漠之舟——駱駝

第一秒 溫老師這樣想

　　這是一篇典型的說明文，說明動物的生理構造以及生活習性，還有跟人類之間的關係。找到這三個形式深究的重點，就可以教孩子整理文章做筆記，學習如何把雜亂的訊息摘述到有意義的表格中，製作了表格，不僅讓人一目了然，自己也方便記憶，這就是認知心理學中的重點——知識的儲存與使用。

　　除了課文的說明，絕對要補充影片，才能更深入認識駱駝，因此，上述的表格還能繼續加上影片介紹的重點，讓這張駱駝的學習單更加豐富飽滿。

　　學習整理了資訊，有時間的話就順便教孩子練習提問，這樣的科普文章、影片，學生都非常有興趣，因此可以嘗試讓學生自己練習，然後藉由討論引出更好的提問核心與概念，最後再由全班或老師提示提問的原則。這麼一來，未來學生自我閱讀的能力能再上一層樓。

　　認識了駱駝，當然要好好把這樣的素材加上想像力，豐富知識也擴大文學的創造範疇，因此，寫一篇以駱駝為主的故事，就是一個很不錯的選擇了。既是故事就免不了要加上人物、場景、衝突的情節、動人的戲劇張力，還有別忘了揉織駱駝的生物習性進去。

　　除了故事還能讓駱駝駝做什麼？嘿嘿，先想想，再看看溫老師提供的第二種寫作方式，會不會讓你擊掌叫好啊？

第二秒 說明文這樣讀
（１）形式深究：課文理解→表格摘述→提問練習

1. 先請學生填寫學習單，用表格快速掌握對課文的理解

2. 親愛的小朋友，讀了〈沙漠之舟──駱駝〉，我們也來練習問問題

   2-1 請說明駱駝適合在沙漠行走的三項特徵

   2-2 人類在沙漠行走，可能會遇見的四個問題，並解釋為什麼？

3. 這個活動沒有標準答案，大膽提出後，小組先對照、討論，什麼樣的問題才是好問題？好問題的標準又是什麼？

4. 全班再重新檢視，怎樣才能問出好問題？

5. 最後老師提供 PIRLS 的幾個提問原則，用這樣的原則再次檢視已經提出的問題，或者再繼續練習提出更具深度的問題

◎〈沙漠之舟──駱駝〉課文學習單

描述與形容		課文：文字和圖像	補充的影片：文字和圖像
食		1. 有刺或乾枯的植物都先吞下再反芻咀嚼	
衣	外型		1. 單峰 2. 雙峰
	身體構造	1. 長腳：使身體遠離酷熱的沙地	
住			
行			
育 （繁殖養育）			
樂 （提供的功能）			
其他補充			

◎ PIRLS 的幾個提問原則參考

PIRLS 提問方向	舉例說明
1. 利用文章內容回答題目	解釋、從文章資料、用故事發生的事情回答
2. 一個角度兩個支持	兩個理由、兩個故事提示、兩個教訓、舉出兩個例子、兩個證明、兩種不同感受
3. 兩個不同角度	說出一項好處與一項壞處、兩種「不同」感受、想和不想的理由
4. 體會主角／作者感受	有什麼領悟、對○○有什麼感覺、解釋心情的轉變、是個什麼樣的人
5. 推演	解釋這故事令人難以相信的地方

 第三秒 同學們這樣寫

A. 駱駝與我的旅程

（1）教學引導

　　從古至今人類對於駱駝的依賴有無數感人的故事上演，因為地域迴異，這些都只是書裡的傳奇，遙不可及也無從想像，而今，透過影片我們可以一窺駱駝的真實樣貌，更能透過資訊理解沙漠的地理環境，當然也可以從許多民間故事汲取養分，豐富想像的世界，讓我們一起將說明文改寫成感人的故事，把駱駝寫進我們的故事裡。

（2）寫作綱要

1. 先介紹自己和駱駝，還有和駱駝或其他角色的關係（還可以有許多次要角色）
2. 描述生長的沙漠狀況，還有特殊的地理環境帶來什麼不同的風情與生活習慣
3. 從事的工作以及接下來故事中要擔任的任務是什麼？為什麼要完成這趟旅行？

4. 這趟旅行會有什麼樣的危險？（天災、人禍……）為什麼？除了天然的災難還有誰想迫害你？

5. 怎麼克服這些困境？駱駝扮演了什麼樣重要的角色？（過程要描述清楚，要讓角色說話，也要有動作、表情，至少寫出三項危機）

6. 最後能否順利達成任務？（結局不一定是完美，也可以是悲劇）這跟駱駝又有什麼相關？

B. 天馬行空愛發想：如果駱駝到我家

（1）教學引導

　　溫老師曾經到埃及坐過駱駝，當牠一站起來時我立刻花容失色地尖叫，因為我有懼高症，還擔心跟牠不熟卻要走上一段路，會不會把我給重重摔下來？總之，這是一段美麗卻依然餘悸猶存的記憶。想想，如果駱駝到了你家，你會想跟牠如何相處？帶牠進百貨公司，還是去學校讓同學尖叫連連？嗯，這點子有點瘋狂，不過卻讓人摩拳擦掌、躍躍欲試，不是嗎？也可以用漫畫或圖文小書的方式呈現喔！

（2）寫作綱要

1. 為什麼駱駝會跑到你家呢？

2. 當你看見駱駝的時候，心跳有沒有加速？動作、表情是什麼？你還會冒出什麼話？你的家人他們又是如何反應？

3. 接下來你會怎麼接待這位遠來的「貴客」？食、衣、住、行……

4. 跟駱駝成了好朋友之後，你要帶牠去哪裡玩？為什麼？想想，會發生什麼有趣的事情？

5. 你周圍的大人又會怎麼看待這件事？他們跟小孩的觀點會有什麼不同，為什麼？

6. 會不會有人要巴結你，也想跟駱駝成為好朋友？你會想怎麼處理？

7. 駱駝會不會想回牠原來的家？你該怎麼幫助牠呢？

8. 離別的時刻，你想跟駱駝說的悄悄話和給牠的祝福是什麼？

五、
掌中天地

 第一秒 溫老師這樣想

　　這是一篇典型的説明文，介紹布袋戲的相關知識。既是知識，就跟故事有情節鋪陳或是人物精采描摹有所不同，這樣的文章相對生硬，不是不容易懂，是閱讀的「動機」有所不同，因為閱讀的起始就是興趣、喜好，一旦讀者直覺認為他沒興趣，就容易失去耐心去閱讀全文。很不幸地，説明文的內容沒有戲劇張力，陳述方式也大多採解釋、條列、説理、摘要、歸納……若非讀者刻意需求，鮮少有人喜歡這樣的文章。

　　既然這麼無趣，不讀説明文，可以嗎？

　　雖然説明文的形式刻板，卻是我們生活中不可或缺的文體形式，例如：説明書、報導、通知單……等等，這麼多説明文充斥周遭顯見其重要性，所以，老師需讓學生使用策略閱讀，活化、趣味化説明文。

　　以〈掌中天地〉為例，確定形式為説明文後，該使用什麼策略讀懂這種文類，這是教學重點之一。另外，如何讓説明文也能像記敘文有劇情、有感情，此乃寫作延伸方向，也就是説，想辦法讓説明文搖身一變成為記敘文，過程中，孩子不但要吸收課文的知識成為記敘文的骨幹，還要加入一些記敘文的要素與細節，這麼一來，説明文就不再是毒蛇猛獸，讓人退避三舍啦！

第二秒 說明文這樣讀

◎ 形式深究：如何讀懂說明文？

1. 預測1：什麼是說明文？你覺得跟一般的記敘文或故事有何不同？這樣的文章到底有什麼特色？請舉這一課來說明你的想法。

2. 預測2：提到布袋戲，你會想到什麼？（什麼是布袋戲？你看過布袋戲嗎？布袋戲的演出有哪些裝備？需要哪些人來協助才能演出？每個人需要做哪些準備？哪些人是很有名的布袋戲操偶師？這些人有什麼特殊功力？演出時後臺可能會有哪些狀況？如何克服？布袋戲的演變過程？大家對這樣的表演有什麼評價及回應？）

3. 閱讀檢視：綜合上面的討論之後，請學生從課文找出答案，看看這些預測的問題，能否找到相對應的內容。

4. 整理歸納：把課文和綱要整理成表格，直接看出一篇說明文的結構與內容如何相對應。（參考學習單）

第三秒 同學們這樣寫

◎ 阿公帶我去看布袋戲

（1）教學引導

為了讓孩子真正進入文本閱讀，所以，利用課文內容和補充資料來「提問」，請孩子回答之後變成一篇記敘文。要注意的是角色及人稱不要混淆。原來的學習單只有設定兩位角色，寫作時請老師提醒孩子，到廟口之後，可多增加二到三位角色，作為發問或回答的人，這麼一來，就不會過於單調。而且，還要請角色間互相開開玩笑，說些有趣的事情增加記敘文的戲劇張力。

（2）寫作綱要（請見下頁表格）

◎從〈掌中天地〉到〈阿公帶我去看布袋戲〉

結構		掌中天地（說明文）	結構		阿公帶我去看布袋戲（記敘文）
				原因	1. 主角是誰和阿公去看布袋戲？為什麼會有這樣的行程？之間會有怎樣的對話？（設定阿公曾是布袋戲演出人員） 2. 到了廟口看到的情況（人？物？氣氛？道具？）
〈掌中天地〉綱要及細節	定義	布袋戲又名「掌中戲」，在臺灣傳統社會中，常是迎神廟會或各地慶典的重要表演。簡單的戲臺和手掌大的戲偶，靠著師傅熟練的技巧以及生動的口白，精采的演出讓人回味無窮。	〈阿公帶我去看布袋戲〉寫作大綱	演出前	3. 這些廟宇為什麼要請布袋戲去演出？有什麼功能嗎？ 4. 演出前有誰需要做哪些準備工作？會有哪些辛苦、痛苦的事情要做呢？他們會說或抱怨些什麼？誰又會告誡他們？（例如：搭戲臺、準備道具、整理戲偶、備好觀眾椅子、背臺詞、彩排……）
	特色	布袋戲的「演員」原是不會動的戲偶，透過「人」和「偶」天衣無縫的搭配，「演員」似乎有了生命力。小小的戲臺，就像一個小小的世界，靈活的戲偶展現著是非善惡，豐富的劇情傳達出忠孝節義。戲臺上的刀光劍影或震天叫喊，讓觀眾經歷一場又一場的冒險。		演出時	5. 這些戲偶都是怎麼製作的？每個戲偶會不會跟操偶者產生感情呢？製作過程要特別注意什麼細節才能讓戲偶受歡迎？ 6. 開始演出之後，看到了操偶師傅如何操作這些偶？嘴巴、手之間要做哪些配合？一搭一唱之間，贏得哪些喝采和掌聲？ 7. 印象最深刻的是哪些片段？為什麼？（請學生觀賞一段傳統布袋戲影片），如果是你，你能做得這麼好嗎？為什麼？ 8. 這些布袋戲演出的故事好聽嗎？透過這樣演出，跟自己閱讀文字有什麼不一樣？你覺得這樣的演出有哪些價值？
	演出形式	早期，布袋戲班多半是在廟前或廣場簡單搭起戲臺，靠著幾個師傅互相搭配演出。每位師傅各有分工：樂師隨著故事演奏鼓樂，音效師配合劇情製造聲光，而主演的師傅不只要操作戲偶，還要變化嗓音，時而是正義大俠，時而是溫柔女子。傳神的口白與動作，配上鼓樂及音效，是布袋戲迷人的地方。			

演變現況	民國五十年後，布袋戲逐漸從野臺戲移到室內劇場演出。除了舞臺布置更加華麗、劇情內容更加豐富之外，音效、燈光與戲偶製作也比以往進步。不久，電視臺開始推出布袋戲節目，戲裡正邪人物之間的恩怨，牽動著戲迷的心，引發了一連串的討論話題。現今，布袋戲還被拍成電影，並推展到國外，讓更多人欣賞到這項民間藝術。	演出結束	9. 為什麼傳統布袋戲要做改變？做了哪些改變呢？ 10. 各種不同表現形式的布袋戲，有沒有讓新一代的觀眾接受呢？（請老師補充現代布袋戲的影片，並且說明傳統與現代的轉變）
功能	隨著時代轉變，布袋戲也在傳統中求創新，一路陪著人們成長，是許多人的共同記憶。在臺灣深厚的傳統文化中，它永遠是值得我們傳承的珍寶。	心得評論	11. 你喜歡哪一種表現形式？為什麼？阿公又會有什麼感想呢？ 12. 傳統跟現代之間該如何取得平衡？傳統有什麼優點？現代又有什麼優勢？請做一比較。 13. 阿公安排的行程，主角有哪些收穫與學習？寫出感恩阿公的話

（3）範例參考：演出前參觀後臺

到了廟口，還不到演出時間，阿公問：「乖孫，你要不要先去後臺看他們如何準備演出？」身為好奇寶寶的我當然一口就答應了。

一進後臺，我快嚇昏了，因為實在好亂啊！而且每個人都好急躁，有人準備樂器相互搭配，有人忙著排好戲偶，阿公說那樣就不會把出場順序搞錯了。這時，團長看見阿公馬上過來打招呼：「老師傅你好啊！」阿公笑容滿面地回他：「辛苦了！這行我幹過，不簡單啊！你們要加油，等一下就要看你們的好表現啦！」謝完阿公，他轉身就罵人：「動作這麼慢，你是時間太多啊？」只見年輕小夥子馬上收起輕鬆隨便的表情，進入備戰狀態。

六、
熊與鮭魚

第一秒 溫老師這樣想

　　〈熊與鮭魚〉是一篇很棒的說明文，不過也很容易讓孩子讀不懂。原因如下：第一，題目「熊與鮭魚」並未直接點明熊和鮭魚之間的關係，如果孩子還不知道「食物鏈」，很難聯想到此，也許還會連結到童話故事呢！即使猜想到是講生態，若不知是食物鏈的關係，根據文章描述到底兩者所占份量孰輕孰重？還是分庭抗禮？第二，第一段環境及熊與鮭魚之間關係的介紹寫得很美，會讓人產生錯覺，忘了事實部分的陳述。

　　為了解決以上問題，老師可以先用「預測」策略，不急著讓學生讀文章，或者讀了卻不懂也無所謂，就先問學生看到「熊與鮭魚」這樣的標題，會想到哪些訊息？接著再以多元智慧圖記錄學生的發表，完畢後再請學生依照先前推論來閱讀課文。

　　讀完之後，再換個題目：談食物鏈對大自然生態平衡的重要──以「熊吃鮭魚」為例，來進行教學，這樣或許學生會比較容易抓住文章想陳述的概念。

第二秒 說明文這樣讀
（1）形式深究

　　1.什麼是食物鏈？請舉例說明？這樣的生態對大自然有什麼重要性？

　　2.熊為什麼要吃鮭魚？為什麼這時有機會吃到鮭魚？在什麼地方？什麼季節？文章如何描述？（熊與鮭魚的生態習性）

3. 熊吃鮭魚時有何特殊習慣？

4. 熊吃鮭魚這件事，有什麼重要的後續效應？為什麼？這些連續效應在生態學上稱為什麼？

5. 熊吃鮭魚這件事，在生態學上稱為「食物鏈」，所以，要維持生態平衡，人類需要隨便出手嗎？為什麼？

（2）內容深究

1. 請在課文學習單上畫出課文中提到鮭魚從出生到死亡的歷程

2. 請依據文章描述，畫出〈熊與鮭魚〉這篇文章提到的食物鏈（例如：鮭魚→熊）

3. 請閱讀關於熊冬眠的句子，並根據文中先後順序加以編號。（熊的冬天生態習性）

（　）母熊在這一段時間生產、哺乳

（　）從洞穴走出來「重見天日」

（　）躲進洞穴

（　）不吃不喝長達七個月

4. 如果你是漁民，看到熊吃鮭魚這種弱肉強食的狀況，你的處理方式是什麼？請說明閱讀這篇文章之前與之後，你有不一樣的作法嗎？

5. 從這篇文章中，請寫出你得到的科學新知（至少兩項）

6. 從這篇文章中，你覺得作者寫得很精采的地方（至少兩項）

7. 除熊與鮭魚外，請再舉出兩個生態學上食物鏈的案例。並且證明人類不須干涉其發展（小組或全班討論）

◎〈熊與鮭魚〉課文學習單

課文內容——鮭魚的生態	畫出圖像——鮭魚的生態
1. 每年春天，幼小的鮭魚在溪流或湖泊的砂礫中孵化，然後游向大海。	

2. 牠們通常在海裡生活一到四年後，就會返回出生的溪流產卵，然後死亡。	
3. 年幼的鮭魚離開出生地時，重量不到一公克至二十公克；但是牠們返回出生地的時候，卻有兩公斤至十公斤重，彷彿帶著豐盛禮物返回家鄉，牠們龐大的身體盛滿了源自海洋的高價值養分。	
4. 北美的秋天，楓樹紅得似火；湍急的溪流裡頭，也有游動的紅葉片片，那是洄游的鮭魚群。飢腸轆轆的熊守在水邊，不是為了欣賞繽紛多采的景致，而是急著用熊掌捕撈鮭魚。鮭魚垂死的掙扎、熊群激烈的嘶吼，這是多麼驚心動魄的畫面啊！	

第三秒 同學們這樣寫

A. 為什麼人類不能破壞食物鏈——以〈熊與鮭魚〉為例

（1）教學引導

　　以本課文為主軸，換個角度與說法，將深度閱讀後的成果整理一遍，並用文字重新再組織文章，練習把一件事情說得更清楚。

（2）寫作綱要

　　1. 什麼是食物鏈？以〈熊與鮭魚〉為例說明（參考課文第六、七段的重點摘述）

　　2. 人類在生活中有哪些部分已經開始破壞了食物鏈的結構？（至少舉三個例子說明）

　　3. 這些造成生態哪些災難？有多嚴重？後遺症是？（老師帶領全班討論或請學生先查資料）

4. 如何保持生態平衡？以〈熊與鮭魚〉為例說明（參考課文第二段）

5. 如何讓世人明白大自然生態平衡的重要性？日常生活中自己為生態平衡如何盡力？

B. 熊寶寶冬眠後的一天

（1）教學引導

　　讓學生體驗從自然科學到文學表現的手法，是非常重要的工作，這一課正好是典型說明文，提供了一個很好的改寫案例。因此老師可以引導學生就設定小熊為主角，母熊為關鍵角色，讓母熊帶著小熊捕食鮭魚，帶出整個生態平衡的重要性。

（2）寫作綱要

1. 人物背景介紹

　1-1 熊寶寶的名字？長得多大？外型特徵？個性？

　1-2 熊媽媽的名字？外型特徵？個性？

　1-3 熊媽媽與熊寶寶之間的互動

2. 熊寶寶為什麼會大喊肚子餓？（動作表情、口氣）在哪裡大喊呢？（帶出北美秋天美麗的景色）熊媽媽會有什麼反應？他們彼此會有哪些對話？

3. 接下來熊媽媽會怎麼教熊寶寶捕食鮭魚？為什麼是吃鮭魚？熊寶寶會碰到什麼問題？怎麼克服？（讓熊寶寶面臨一開始抓不到鮭魚的挫折……）

4. 熊寶寶克服問題之後，質疑熊媽媽太浪費，熊媽媽會怎麼解釋呢？（參考課文）

5. 其他森林及湖邊有哪些動物會出現？（繼續描寫湖邊美麗的景色）牠們的食物來源是什麼？牠們會跟熊寶寶有什麼樣的互動及對話？

6. 這一天熊寶寶有什麼樣的收穫？（生理及知識上）接下來會跟熊媽媽去哪裡呢？

七、
詩二首：竹里館
&獨坐敬亭山

第一秒 溫老師這樣想

　　王維〈竹里館〉和李白〈獨坐敬亭山〉這二首詩同時出現，非常有意思且精采可期，我們可以從以下幾個角度來欣賞這兩首詩。

第二秒 說明文這樣讀

　　老師引領學生從以下幾個角度來欣賞這兩首詩，若想讓學生更深度思考並發表，請再補充相關資料，並且帶著學生全班或小組討論，此時發表想法重於填寫學習單。

◎〈詩二首〉課文學習單

	王維〈竹里館〉	李白〈獨坐敬亭山〉
詩二首 （原文）	獨坐幽篁裡，彈琴復長嘯。 深林人不知，明月來相照。	眾鳥高飛盡，孤雲獨去閒。 相看兩不厭，只有敬亭山。
個人背景對詩作有影響部分	王維晚年辭官隱居	李白懷才不遇
這兩首詩的背景介紹	幽靜的竹林、樂音、歌唱、月夜	安靜無人的敬亭山裡、鳥兒高飛、天空雲朵

詩眼「獨」的各自解讀	這裡的「獨」是人生解脫之後的瀟灑不羈，是至高無上的幸福享受	這個「獨」讓人覺得悲涼蒼茫與孤寂落寞
兩首詩皆用擬人法的目的	明月來相照 —— 真的孤獨嗎？似乎不然，有這位不吵不鬧的好友「明月」相伴，何來孤獨？再幸福不過啊！	相看兩不厭，只有敬亭山 —— 世間人皆有利益糾葛牽絆，只有大自然山水不管你位在人生巔峰抑或谷底，永遠不離不棄
詩想要表達的心情	王維學佛對於名利總是淡然以對，渴望回歸山林享受寧靜的心從未停止，「深林人不知」就是人生之志。也許他也想提醒世人，紅塵紛亂，唯有身處大自然方能理性思考	李白個性豪邁不羈，恃才傲物，偶爾也懷憂喪志，寂然落寞，不過文學作品依然不減曠達之氣。這就是詩仙李白獨特的氣味，世間一俠客，仙影飄然來去，世間縱不容我，山水依然可寄情
對這兩首詩本身的評論或想法		
你想對兩位詩人說的話		
為詩作畫		

　　有了上述經驗之後，可以再拿王維和李白的其他詩作來比較。例如王維〈山居秋暝〉、李白〈月下獨酌〉。

 **第三秒 同學們這樣寫**

◎ 李白與王維在 facebook 的相遇

（1）形式深究

如果讓詩仙與詩佛穿越時空來場現代相遇，會碰撞出什麼樣的火花呢？這的確是件讓人期待的事啊！至於在哪裡相遇呢？既然現代人最離不開 facebook，那麼就讓學生 KUSO 一下，顛覆傳統正經八百的讀詩方式。

至於對話內容從何而來？課本提供了作者簡介及詩的賞析，再加上老師補充相關資料給學生，上述皆可成為寫這兩位大師相遇的重要參考與依據。

（2）內容深究

1. 先發下一張 A4 紙張，請學生幫李白和王維兩位大詩人，製作一個 facebook 個人資料（可參考 facebook 平臺）。內容至少要有：大頭貼（圖像繪製）、基本資料、工作經驗與學歷、專長、興趣……

2. 對話要包含以下資料，至於先後順序隨個人安排

2-1 課文的兩首詩

2-2 詩的欣賞與解讀

2-3 詩背後人物的心情

2-4 當時的政治背景的感嘆（可提也可不提）

2-5 兩人詩作能力，相互欣賞與恭維讚美，甚至也學著互做一首詩送給對方

（3）範例參考

對話可以從李白或王維任何一人上傳了一首詩開始，人名可用任何創意代稱。例如：

王維：獨坐幽篁裡，彈琴復長嘯。深林人不知，明月來相照。

李白：高啊！真是高明！王兄真能享受孤獨啊！換做我可沒那雅興。

王維：李白兄，您怎麼了？聽說最近心裡有事，何妨說來聽聽。

李白：用詩以明志吧！「眾鳥高飛盡，孤雲獨去閒。相看兩不厭，只有敬亭山。」

王維：如果我沒理解錯誤，李兄心情鬱悶啊！

李白：不怕您笑話，我的確受到一些刺激，心情就像天上烏雲罩頂，怎麼都快活不起來啊！

王維：這可不是我們所認識的詩仙李白，真是讓人擔心，怎麼會這樣？

李白：唉！一言難盡啊！

王維：聽您這長長一嘆，就知道此事非同小可，難怪您會說：「眾鳥高飛盡，孤雲獨去閒」這「獨」跟我的「獨」可是大大不同！

李白：所以我剛剛才會羨慕您，您的「獨」是享受，可以感受到隱居生活的閒適，而我卻擺脫不掉內心的孤寂落寞、空虛悲涼啊！

王維：雖然知道您內心愁苦，但還是忍不住要為您的才氣驚嘆不已啊！特別是後面兩句「相看兩不厭，只有敬亭山」真是神來一筆，竟然寂寞到要將敬亭山當成知心朋友來撫慰脆弱的心靈，如此詩句也只有詩仙李兄您有如此功力啊！

李白：讓王兄見笑了，我才要讚賞您這首〈竹里館〉，好個「彈琴復長嘯」，如此亂世還能樂觀面對，並且提醒世人無論如何都要尋找「寧靜的力量」，這可不是所有人能辦到的啊！

王維：李兄不愧寫詩解詩的高手，竟然能參透我背後想傳達的意念呢！此生能得此一知音，老夫死而無憾啦！哈哈哈！

李白：李兄過獎，能得您盛讚我也無憾啦！身為詩人作家誰不希望能有知己能與自己心靈相通呢？只可惜當今許多人過於關心政治，忘了回過頭來致力文學欣賞啊！

　　上述僅為參考，學生絕對比我們想像中的厲害，也請老師敞開心胸讓學生自己表現，若有悖離歷史記載或人物個性，請不要過於要求，多多正面鼓勵或邀請學生上臺發表，重點是學生願意將資料轉化成另一種形式，並且耐心地寫下來，就已經達到寫作的目標了。

八、神祕的海底古城

第一秒　溫老師這樣想

　　這是「報導文學」作品，嚴格說來，很明顯以「說明」方式寫作，但有人覺得是「記敘文」，正好讓學生討論其形式結構，到底是屬於記敘文還是說明文？從討論中釐清學生未來文章表述的手法，學習更精準的文章寫作技巧。

　　另外進到內容時，有兩個重點可以探索，一是知識層次。這篇文章的標題很有意思，而且很具想像與吸引力，「神祕的海底古城」讓人很想知道「海底古城」是什麼？為什麼又強調「神祕的」？

　　光是上面兩個問題，又可以繼續開展一大堆延伸的問題，例如：人、事、時、地、物，所以這可是讓孩子學習問問題的好材料。

　　此外，這篇文章的「情意」目標也不可以忽略。問問學生，除了認識海底古城之外，這篇文章還有什麼價值？順勢引導「考古」對人類生活的重要性。

　　最後提醒，建議播影片給學生觀賞，讓影像輔助閱讀，上課前可在網路搜尋到許多可供使用的教學素材。

第二秒　說明文這樣讀

（1）形式深究 1：標題預測

　　1. 看到標題「神祕的海底古城」，覺得文章重點是「神祕的」還是「海底古城」？為什麼？

　　2. 文章重點寫「海底古城」，你會想知道哪些訊息？（例如：地點、古

城沉下海底時間、為什麼會沉下去——氣候變遷，海平面上升、海底
古城的現狀、發現後的探勘過程……）

（2）形式深究 2：課文對照

1. 課文閱讀後，有找到預測時的問題答案嗎？在哪裡？課文是怎麼說
的？（例如：地點——澎湖虎井）

2. 整篇文章中，哪一部分訊息寫得最多？是怎麼寫的？如果按照時間順
序排列，有哪些單位曾經去探勘得到哪些線索？對這件事有什麼樣的
貢獻？

3. 先討論發表後，再給學生「從發現到探查」歷程學習單全班共作

◎澎湖海底古城「從發現到探查」歷程學習單

時間與史料紀錄	是誰	發現事實	重要性與貢獻（結果）
	臺灣通史澎湖地方文獻	澎湖虎井嶼之東南，有沉城焉，天空浪靜，望之在目	天氣晴朗的退潮時分，從虎井海岸往海底觀看，真的可以看見類似城牆的建築，映著海水浮浮沉沉，若隱若現
民國65年	潛水專家謝新曦先生	潛到海底一探究竟	
民國71年	潛水專家謝新曦先生	第一次發現海底有一片長長的石牆，疑似是遺跡的位置	消息曝光之後，不但引起臺灣學者的興趣，也引起國際考古學家的高度關注
民國85年	日本朝日新聞等媒體	一群人浩浩蕩蕩的來到澎湖	拍下了許多珍貴的紀錄片

民國 90 年	英國古文 明探索專 家葛瑞姆 （Graham Hancock）	1. 發現兩座龐大的建築 物，探索專家發現的 「牆」，不是文獻中 的「紅磚城址」，而 是長長的、布滿珊瑚 礁的海底岩脈 2. 看到珊瑚礁底下，竟 然是平整的牆面，岩 脈的接縫筆直整齊	1. 認定是人為產物，他 甚至說，這可能是人 類失落的文明，至少 有六千年，是個跟埃 及金字塔、馬雅古文 明同一時期的遺址 2. 發表看法之後，國外 媒體蜂擁而至，包括 日本、中國大陸、探 索頻道都前來採訪報 導，一時間，寧靜的 澎湖成為舉世矚目的 焦點

4. 影片導賞：除了課本敘述，又多收集了哪些資料？看到探勘人員做了
哪些事？想想，下水之前他們要做哪些準備？

（3）形式深究 3：記敘文和說明文的比較

1. 記敘文長怎樣？有哪些條件？（比說明文多了主觀的感受）
2. 說明文又是長怎樣？有哪些必要條件？（例如：客觀的報導）
3. 你認為這一篇文章比較偏向哪一種？從文章中哪些訊息得知？（沒有
標準答案，讓學生說說他們的看法）
4. 這樣的寫作手法有什麼優點？適合什麼樣的題材？需要注意什麼？

（4）內容深究

1. 文章中，如何描述澎湖「海底古城」外型、特徵？例如：類似城牆的
建築，映著海水浮浮沉沉，若隱若現
2. 請用以上課文訊息外加想像力，把「海底古城」在水中的模樣復原並
畫出來（可融合創意寫作）

（5）提問練習

　　　　請參考「從發現到探查」歷程學習單，並且練習問問題（如果學生無法提出，則由老師直接請學生討論以下參考問題）

　1. 日本和英國團隊探測「海底古城」之間的異同？

　　　1-1 相同：都有專業團隊

　　　1-2 相異：日本沒有發現建築物（失敗），英國發現兩座建築物並且向國際發表

　2. 你支持葛瑞姆對海底古城的說法嗎？為什麼？

　3. 這麼多人前仆後繼去探勘一座「謎樣」、「破敗」的沉沒古城，理由是？值得嗎？

　4. 請為「水下考古」這件事的價值，從各種角度做一說明，並且舉例證明

　5. 你覺得水下考古需要哪些專業知識、態度和技能？為什麼？

　6. 你會想擔任這樣的工作嗎？為什麼？

第三秒 同學們這樣寫

◎「海底古城」前世今生四部曲

（1）教學引導

　　　　除了澎湖虎井海底古城，可再加上日本沖繩的「与那国島——古代海底都市」，更增加了海底古城的真實與豐富性，因此，若能把兩者的資訊結合，再讓學生的想像力賦予古城生命，讓古城自己說話，這樣的教學不僅知性還充滿了濃濃的浪漫情調，適合做成小書、繪本。

（2）寫作綱要

　1. 前世的繁華與美麗

　　　1-1 我是一座什麼樣的古城？（外型、特徵：豪華、宏偉、典雅路線）

　　　1-2 古城的功能有哪些？（住：皇宮、民居。防禦：抵禦外侮）

1-3 城堡的一天描述（人、事、物……）

2. 地球的崩毀與災難 （可以補充災難影片）

2-1 地球發生什麼樣的災難？為什麼會發生？

2-2 發生前的徵兆？城堡中誰發現異樣？他說了什麼？又做了什麼事？其他人的反應是？為什麼？

2-3 災難到來時，當時人們的反應與真實狀況的描述？

2-4 為什麼會成為「海底」古城？海水扮演了什麼樣的角色呢？

3. 過往的凋零破敗與寂寥落寞

3-1 災難後人事全非又沉入海底的樣子，請發揮想像力描述

3-2 沉入海底與陸上隔絕，心理的壓力又是如何？

3-3 如何調整心情？在海底的日子裡，跟誰成了好朋友？為什麼？

4. 面對今生的勇氣與調適

4-1 誰發現了海底古城

4-2 接下來又是誰為海底古城賦予新生命？

4-3 破敗凋零已成事實，為何還有再現的價值？

4-4 重新受到重視與肯定，心情的轉折與興奮

4-5 想要向世人說的一些悄悄話

九、
冬天的基隆山

 第一秒 溫老師這樣想

　　即使看了課文賞析，乍看〈冬天的基隆山〉這篇詩歌，若以讀者直觀感受角度切入，這首詩既不難懂，也沒有深奧的哲理可言，還是會讓老師不知從何著手進行教學。

　　若有這樣的直覺出現先別緊張，只要重新回到認知、情意、技能三大目標來思考，也許就能柳暗花明。就知識層面來問問自己，課文提供的訊息足夠我理解嗎？如果不足，是否請學生或老師自己另找資料補充呢？情意目標則很明顯，看得出來作者意圖指涉，一座山宛若一個人的人生，天候季節的變化莫測，說風是風說雨是雨，你能掌控的永遠只是自己的意志與情緒，外在的條件永遠都是莫可奈何的變數，這樣的狀態跟我們的生命歷程會有何關聯？又能提供什麼樣的案例撫慰或激勵人心呢？最後，這篇課文的技能目標可以看做是從知識性資料到文學中詩歌的表現，轉化過程運用的手法能夠增進我們什麼樣的寫作學習，不妨思考一下。

　　回到源頭一想之後，是否就能慢慢理出個脈絡了呢？至此，接下來就是確立閱讀和寫作的方式與材料。

　　高年級的學生亟需開始尋找認同對象，尤其現代社會資訊發達，流通快速又常常很混亂，如果能在教室裡多提供正向的人與事，讓全班共同面對與討論，就能達到情緒治療與價值澄清的雙重教學效益。更何況課文原來就已經是擬人方式呈現，只可惜並未在「意志力」展現處打轉或停留，所以從此處延伸出去，也是理所當然，不僅加深且加廣，還能讓學生角色扮演，設身

處地理解基隆山背後體現的人文情懷。

　　另外提到寫作技巧展現的部分，除了將知識轉化為文學詩歌之外，是否能更進一步轉化為「故事」，這麼一來不僅擴充手法，還能將知識應用與強化，教師可另外補充資料，或者把山的資料再更仔細閱讀。

　　如此一來，原本看似淺顯不知如何切入教學的課文，透過故事編寫，摻入「情感」與「人生」的酵素，再融合課文提供的知識，竟然能一魚三吃、一次達陣，如此教學豈不妙哉？

第二秒&第三秒 這樣讀這樣寫

◎ 作文題目：山爺爺與○○的對話日誌

（1）教學引導

1. ○○可以是任何一位少年的名字，當然也可以是自己的。（這裡暫時用小問代表）

2. 用日誌的方式，學生比較不會有寫作手法的困擾，連貫或不連貫都無所謂

3. 每一章可以試著給一個小標題

4. 鼓勵學生做插畫，讓畫面一起說說話

5. 最後用小書的方式表現，高年級學生的編輯能力絕對讓人驚豔

（2）寫作綱要

1. 兩位主角介紹（是誰？）

　　1-1 基隆山（可以參考課文）

　　1-2 小問（幫他編一個合理又迷人的身世吧！他的人生困境又有哪些？）

2. 為什麼小問會走進山裡？（例如：受到同學排擠或嘲笑、遭到學校功課無趣或成績低落的打擊……）

3. 他們的第一次相遇又有什麼特別？兩人之間會有什麼樣的約定或承諾？

4. 除了基隆山爺爺，山裡還有哪些好朋友會一一出現在故事裡？這些人物的出現，會讓故事產生哪些變化？

5. 基隆山爺爺有什麼特殊歷練？這些歷練有哪些精采的故事？（例如：每年的東北季風帶來的痛苦與災難，看到動物避難或是樹葉飄零吹落與他訣別時的不捨心情，這些讓他有哪些體悟？）

6. 小問聽到山爺爺的故事之後，會不會受感動？為什麼？他覺得可以學習的是哪些？）

7. 基隆山爺爺面對的困境又是什麼？（例如：指標不明確，常有山友走失。很多人把垃圾留在山上。山林保育的問題……這些都是他個人還是公眾的問題？他為什麼要擔心？）

8. 小問會如何把基隆山爺爺介紹給他的朋友呢？他會發起什麼樣的運動來保護基隆山爺爺呢？這些好朋友認識基隆山爺爺之後，會有什麼不同的想法呢？

9. 做這些事之後，基隆山爺爺會說什麼？小問是否能透過這些舉動，改變自己的性格？或者解決他人生的困境？

10. 小問與奶奶的對話——睿智的奶奶哪裡睿智呢？為什麼？

11. 小問給基隆山爺爺的悄悄話

（3）範例參考：前言

　　基隆山爺爺已經存在這個地球很久很久，風來雨去，地震、山林大火，還有無數在他的懷抱中走失再也回不了家的登山客，數不清的日子過去，抹不完的風霜雨雪飄過，山爺爺依然屹立不搖，陽光下笑容依舊燦爛，林子裡依然充滿生命的朝氣與活力。

　　帶著滿肚子疑問的「小問」（綽號），和奶奶住在山下，雙親早逝的他，沒有人陪伴，沒有人告訴他，人為什麼要努力用功？同學為何如此不友善……年邁卻睿智的奶奶，總要他走進基隆山爺爺的懷抱，去那裡享受大自然的洗禮，也去那裡找到人生的答案。

議論文

一、
努力請從今日始
& 做時間的主人

第一秒　溫老師這樣想

這兩課都出自於同一個單元主題——珍愛時光,〈努力請從今日始〉提醒人們把握時間,現在就要開始努力,〈做時間的主人〉則指導妥善運用時間的方法。這兩課教完,正好讓孩子不僅明白時間不等人,要趕緊安排利用,也能學習如何寫一篇「議論文」。

在寫作之前,要讓學生理解「議論文」的目的是在「說服」,為了要說服別人,所以要先提出自己的觀點(論點),接著就是呈現案例(正、反皆可),這部分就是所謂的「論據」、「論證」,最後總結(結論),再一次強調原來的觀點。

這次的寫作練習,不僅要了解文章的主題,更重要的是要讓孩子來檢討自己的時間管理,到底有哪些是可以,又有哪些是要加油的呢?

第二秒 議論文這樣讀

1. 這是議論文嗎？你怎麼判斷的？（老師要先跟學生溝通，議論文的特色有哪些？學生知道之後，就可以依據這些原則去檢索文章是否符合，並且說出自己判斷的緣由）

2. 整理課文並摘寫大意，再按照議論文架構（論點、論據、結論）將文章摘錄至課文結構表

3. 作者想要說服讀者的觀點是什麼？從哪裡看出來的？

4. 作者用了哪些「論據」或是「論證」來強化他的觀點呢？你覺得好嗎？合理嗎？為什麼？

5. 如果要你來舉例，你會舉什麼呢？又會用什麼樣的方式呈現呢？試試看！

6. 結論還可以怎麼說？試著寫寫看！

7. 作者的論據及論證是用什麼類型的句型寫出，請分析並試著仿作

8. 這兩篇議論文你覺得寫得好不好，可以說服讀者嗎？為什麼？

◎〈做時間的主人〉課文結構表

論點	引題	如果一個人可以活一百歲，他一生擁有的日子，大約是三萬六千五百天，扣除睡眠、吃飯、刷牙、洗臉等，剩下的時間到底還有多少？算一算，竟然只剩下不到一半！而這些僅存的光陰，從我們呱呱墜地那一刻起，就開始悄悄地溜走，毫不止息
	觀點	時間是多麼的珍貴，卻又是多麼的無情，我們一定要妥善的運用，讓它發揮最大的價值

			是什麼	怎麼樣做	結果	影響
論據或論證	論據	一	企業家嚴長壽先生	每天都提早一個小時上班,將所有的資料、文件仔細分類,並安排好傳送路線	他每天都能迅速且有效率的達成任務,而且還能空出時間做更多的事	對公司有更大的貢獻,也因此奠定了他日後成功的基礎
		二	歐陽脩	利用「馬上、廁上、枕上」這些短暫的時間,安靜、專心的思考	完成許多膾炙人口的佳作	
		三	現代人	公車或捷運,許多人戴著耳機喃喃自語。有些在學習外國語文,有些在複習老師講的課,他們都是在利用各種「短暫」的時間		
	論證		由上面的例子,可知不論是古代或現代,人們若是懂得善用時間,事先做好計畫並確實執行,就容易達成自己的目標。「一分一秒」雖然零碎,但是,只要抓緊時間的腳步,做好當下的工作,就像存錢一樣,一點一點的累積也能聚沙成塔,完成任務			
結論			充分掌握並善用時間的人,不但可以如期達成工作目標,還可以有多餘的時間安排運動與休閒生活,使生命更充實、更有意義,成為時間真正的主人			

本課大意	時間珍貴卻無情，要妥善運用，發揮最大價值。嚴長壽先生，懂得事先計畫妥善運用時間，奠定了日後成功基礎。歐陽脩利用「馬上、廁上、枕上」時間，安靜、專心思考，完成許多膾炙人口佳作。現代人在公車或捷運學習或複習，都懂得利用各種「短暫」時間。人們若懂得善用時間，事先做好計畫並確實執行，就容易達成目標。妥善運用時間，才能真正成為時間的主人。

 第三秒 同學們這樣寫

◎ **我是時間的主人還是奴隸？**

（1）教學引導

　　議論文的教學，最重要的不是說道理給別人聽，其實是說給自己聽，所以，讀了別人的案例，最終還是要回到自己身上，先檢討自己，有沒有犯了同樣的錯，再看看別人的例子可以給自己什麼樣的參考呢？

（2）寫作綱要

1. 解釋什麼是時間的主人，什麼又是時間的奴隸呢？

2. 評論自己，利用時間的情形如何？

　　2-1 正例

　　2-2 反例

3. 期待自己能成為時間的主人？（可以參考〈做時間的主人〉或其他名人案例）

　　3-1 舉名人的例子

　　3-2 歸納方法

4. 說一段話勉勵自己

（3）學生作品（南大附小陳辰睿）

　　什麼是時間的主人？什麼又是時間的奴隸呢？

時間的主人就是一切的時間都掌握在自己手裡。如：老師要你製作一份報告，給你一星期，如果能依照每日進度完成，或是一兩天就完成，那麼，你就是時間的主人。而時間的奴隸則是一直追著時間跑。

我就來說說我當時間奴隸的實例吧！

有一次，我就因為日記的事而後悔。我大約有七天的日記想要寫，但我一直想說明天再寫，等積了七天才開始動手，一次寫這麼多，手酸的滋味真不好受。雖然一天的日記只記錄簡單的事情，所以都寫得短短的，但是等到積這麼多，那種感覺真討厭！

接著我要說當時間主人的實例。

大約上上禮拜二，老師派了一篇日記。隔天就是二二八休假。不過，當天我就把日記和其他功課都寫完了，所以隔天真正能休假，當時心情好輕鬆好愉快。

還有一次，因為星期六學校補課，老師也出了一篇日記，因為嚐到上次甜頭，我又提早完成功課及日記，後來，看著弟弟在上學前一晚拚命趕功課，我心裡不禁大呼：「當時間的主人滋味真是太棒了！」

有許多名人會成功，其實就是因為他們是時間的主人。怎麼說呢？請看看以下名人的實例吧！

企業家嚴長壽先生的第一份工作是在一家公司當送文件的。他每天提早一個小時上班，把所有資料和文件仔細分類，並規畫好遞送的路線。這些規畫使他每天都能迅速且有效率的達成任務，而且還可以空出時間做更多事，不但對公司有更大的貢獻，也因此奠定了他日後成功的根基。

還有，大文豪歐陽脩為了善用零碎時間，提到「三上」的祕訣，利用「馬上、廁上、枕上」這些時間思考和寫作，也因此完成許多文章。

他們要不是有好好善用時間，那麼他們會成功嗎？要妥善運用時間，可以安排行事曆、工作清單來提醒自己這時要做什麼事。還有，

不放過坐車、廁上等時間，還有今日事今日畢、集中精神完成一件事等等，都是好方法。

最後，我想引用一首古詩來勉勵自己，永遠不要當時間的奴隸。

〈明日歌〉
明日復明日，
明日何其多！
我生待明日，
萬事成蹉跎。
世人若被明日累，
春去冬來老將至。
朝看水東流，
暮看日西墜。
百年明日能幾何？
請君聽我明日歌！

二、
恆久的美

第一秒　溫老師這樣想

　　閱讀蔣勳老師的文章，總令人感受到一種前所未有的寧靜與舒適之感，明著要闡述一些對事物的觀點，暗地裡卻潛藏著無比巨大的暗流，彷彿一股能將人心洗滌的滾滾洪滔，於是，看似樸實無華的文字，卻輕鬆傳遞知識，讓人無法抗拒。

　　這樣的威力，年幼的學生能感受嗎？能知道背後所運用的手法嗎？能起而師法學習此優勢嗎？這一切都得要靠老師的解碼與引領，於是，文章手法解構就是其中一項重點了。

　　另外，文章內容更是學習重點，所以，畫家米勒當時創作的歷史背景，以及當時的庶民生活景況，除了課文的資料之外，老師須再補充，讓學生與大師相遇，不至於一知半解。

　　有了這兩個教學線索，接下來的重點是怎麼讓教學方法活化，不流於說教與填鴨呢？

第二秒＆第三秒　這樣讀這樣寫
A. 恆久的美——我最愛的一幅畫
（1）教學引導

　　　　怎麼欣賞一幅畫？怎麼將欣賞後的心得化為文字與人交流？蔣勳作了最好的示範。不流於說教，也不必走入專業術語讓人遙不可及，這篇文章，好好地咀嚼並將其寫作手法分析、整理，接著再找一幅畫，

也如法炮製一番，就能真正感受並熟練，這麼一來，日後要寫這類文章，絕對不再是噩夢。

　　當然，學生要介紹的那幅畫，必須有足夠的資料可供參考，所以要寫這篇文章之前，一定要先蒐集並整理該幅畫的相關資料，或者可以寫自己或同學、家人畫的一幅畫，會比較具體親切。

（2）寫作綱要

1. 介紹動機：為什麼想介紹這幅畫？在什麼樣的機緣之下想做這件事？（課文第一、二段）

2. 這幅畫中畫了什麼？有哪些素材在裡面？創作的背景故事是？（課文第二段）

3. 畫家介紹：畫家是誰？他的家庭背景？從事畫畫的經歷及故事？印象最深刻的是？（課文第三段）

4. 畫的細節介紹：畫面上有哪些細節？每個細節代表的深刻涵義又是什麼？（課文第四段）

5. 畫背後隱含的哲學：觀畫的人的體悟與表白或者是學習（課文第五段）

6. 這幅畫給後人或他人的影響：觀賞者給畫或畫家的評價與讚賞（課文第六段）

B. 與米勒在〈拾穗〉中相遇

（1）教學引導

　　溫老師最愛把閱讀與寫作變成好玩的遊戲，接下來，為了要體驗米勒的〈拾穗〉創作，理所當然就要安排一場好戲，就是讓學生進到〈拾穗〉的場景。

　　進入之前，請先閱讀課文，並整理教師手冊的相關資料，當然，如果老師可以再提供補充資料，學生寫出來的故事一定更有看頭。

　　讀完資料之後怎麼進入？那還不簡單，只要安排個「梗」——

時空大挪移，一切不就成了？

（2）寫作綱要

1. 莫名的時空轉換：説説為什麼會掉到十九世紀法國農村？（例如：讀到這課課文昏昏沉沉睡著了……）

2. 到了農村看見了什麼景色？（描述那是什麼樣的風景？特色？）

3. 為什麼會跑到〈拾穗〉的場景？

4. 那個場景有誰？那幾個人之間的關係？他們在做什麼？為什麼？

5. 你怎麼跟他們説話的？説了哪些話？他們對你有什麼好奇跟疑問？

6. 跟他們一起拾穗，你的反應、疑惑或者是想法是？為什麼？

7. 拾穗時，畫家米勒在哪裡寫生？為什麼他想要畫這些窮苦的人民？他會怎麼把你一起畫進去？

8. 請將自己畫到原畫中：新〈拾穗〉畫作（老師可以將〈拾穗〉影印放大到 B4 大小，然後請學生將原畫著色，再將自己入畫）

9. 離開時，跟原畫中拾穗的農人以及米勒告別，他們各對你説了哪些話？你又回應了什麼？

10. 夢醒時分：對這樣的一場夢有什麼看法？

（3）範例參考

　　那一天，就這樣莫名其妙睡著了，是因為太著迷米勒的畫風？還是對十九世紀法國農村充滿了濃烈的嚮往？總之，一場夢境將我帶進了不可思議的旅程——與米勒在〈拾穗〉中相遇。

　　陽光原本熾烈難當，卻因下午時分，慢慢減低其威力。金黃色的麥田無止盡的在眼前展開，麥田有些已經收成，麥草捲成一綑又一綑像車輪似的形狀，隨意地置放在光禿禿的麥田，剩下尚未收成的麥稈，因為飽滿的麥穗拉扯，已經呈現微微傾斜狀態，似乎再也無法支撐，而我，此刻也像這些麥稈，抬不了頭，挺不起身子。

　　除了麥田，遠處也散落樸實農家的屋舍，那一幢幢石造或木造的矮屋頂煙囪，還不時冒出白煙，炊煙隨著清風徐徐上飄，好一幅農家

清幽景致啊！只可惜，他們離我似乎有一百公里遙遠，唉！一定是我太餓了，好想走去卻又覺得遙不可及。

　　一時之間忘了自己置身何處，只能漫無目的地走，或者說，往有人影的地方走去，因為我開始慌張，肚子也餓得咕嚕咕嚕叫。

　　遠遠地，我看見麥田裡三個彎腰正在拾穗的婦人，是的，我告訴自己，走了那麼一大段路，終於看見人了……

附錄

一、情緒語詞列表（可依各篇文章狀況自行調整）

快樂	開心	信心	驚喜	狂喜	興奮	驚訝	愉快
喜悅	痛快	解脫	放鬆	舒服	安心	得意	感激
滿足	幸福	希望	期待	羨慕	感動	自責	受傷
害怕	痛苦	悲傷	生氣	煩悶	抓狂	震驚	孤單
委屈	疲憊	丟臉	焦慮	歉疚	無力	失望	恐懼
沮喪	懷疑	無奈	嫉妒	難過	害怕	緊張	空虛

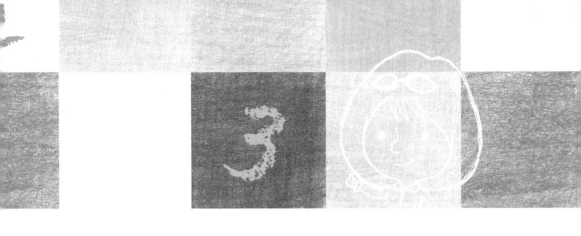

二、性格語詞列表（可依各篇文章狀況自行調整）

伶俐	冷靜	友善	貼心	積極	自信	隨和	謀略
洞察	活潑	細心	創意	體貼	主動	謹慎	勇敢
熱情	順從	膽大	堅持	穩重	獨立	慈悲	率真
計較	寬恕	保守	遲鈍	誠實	慷慨	天真	剛強
武斷	自負	粗魯	被動	驕傲	自卑	矛盾	狡猾
害羞	依賴	固執	浮躁	隨便	任性	暴躁	衝動

國家圖書館出版品預行編目 (CIP) 資料

神奇三秒教 / 溫美玉作 .-- 初版 .-- 臺北市 : 天衛文化，
2016.02　面；　公分 .-- (小魯優質教學)
ISBN 978-957-490-391-7(平裝)
1. 漢語教學 2. 寫作法 3. 小學教學
523.313　　　104028630

小魯優質教學 BGT051

神奇三秒教

作者／溫美玉
發行人／陳衛平
執行長／沙永玲
總編輯／陳雨嵐
文字責編／余順琪
美術責編／劉康儀
出版者／天衛文化圖書股份有限公司
地址／臺北市安居街六號十二樓
電話／ (02)27320708
傳真／ (02)27327455
E-mail ／ service@tienwei.com.tw
網址／ www.tienwei.com.tw
facebook 粉絲團／小魯粉絲俱樂部
郵政劃撥／ 1555070-0 帳號
出版登記證／局版臺業字第 5011 號
初版／西元 2016 年 2 月
初版三刷／西元 2016 年 3 月
定價／新臺幣 290 元

版權及著作權所有・翻印必究 Printed in Taiwan

© 2016 TIEN WEI PUBLISHING CO., LTD.